EMPRENDER EN WEB3

6.432 horas de éxitos y fracasos, en un libro

La guía práctica para construir negocios
en el nuevo Internet

MARINA TEIXIDOR

SOBRE LA AUTORA

Iba a escribir la típica autobiografía en tercera persona, de esas que parece que haya escrito alguien sobre ti, pero siendo coherente conmigo y con el resto del libro voy a hablarte en primera persona. Y a contarte cosas que no leerás en ninguna otra parte.

Soy Marina y, aunque si me lees me conocerás bien, soy muy transparente, curiosa, me gusta ir al grano, hablar solo cuando tengo algo interesante que decir, y dar, devolver y compartir lo aprendido. No sé hacer (o no quiero hacer) nada en lo profesional que no me resuene en lo personal, que no vaya conmigo ni con mis valores, y aunque siempre me he dedicado a la comunicación, me encanta la innovación, y me encantan los negocios.

Creo que esa fue la fórmula casi tan mágica como obvia que me llevó hasta la Web3. He emprendido varias veces, teniendo por el camino tanto éxitos como bastantes, muchos, muchos fracasos (o aprendizajes, que queda mejor). Y siento que he aprendido tanto y de tantas personas tan increíbles que tengo que compartirlo.

Por todo eso estoy aquí.

¿ESTE LIBRO ES PARA TI?

Respuesta rápida: sí.

Respuesta no tan rápida: sí otra vez. Tengas el perfil que tengas, no hace falta que sea técnico. Si estás pensando en crear un negocio, o si ya tienes uno. Si necesitas actualizarte a nivel profesional. O si simplemente quieres entender mejor el Internet "del futuro" (aunque cada vez ya más presente), este libro es para ti. Lo importante es que tengas ganas de construir.

Porque el contenido está pensado para que sea accionable, para que te sirva en el día a día, tanto a nivel personal como a nivel profesional, independientemente de tu perfil y de si tienes o no conocimientos previos en tecnología. Sin tecnicismos innecesarios. Al grano, que ya sabes que me gusta. Y desde una visión personal y práctica, tanto mía como de otras personas que están construyendo. Porque al final detrás de todo siempre hay personas, y vale la pena conocerlas.

Eso sí, para leerlo necesitas ser una cosa: un filtro de café.

Te lo explico ahora.

Nuestra hoja de ruta

1. INTRODUCCIÓN

Lo del filtro de café y más

Decía hace alguna página que para leer este libro necesitas ser una cosa: un filtro de café.

A mí que me gusta tanto el café, me gusta también esta comparación. Piensa en este libro como si fuera café. Del bueno, o eso quiero pensar yo, del natural. Aunque este café sea buenísimo siempre necesitarás filtrarlo, exprimir bien el sabor y desprenderte de los posos. De tus posos, me refiero. Porque esos posos no serán los mismos para cada persona.

Aunque yo me he encargado de un primer proceso de filtrado general para hacer el contenido más digerible, dejando la mayoría de tecnicismos en el lado de los posos, vas a tener que hacer tú un segundo filtrado. Porque vas a recibir mucha información, muchas ideas nuevas, y aunque es interesante (y mucho) conocerlas, no hace falta que te las quedes todas. Quédate con lo accionable, lo que ahora mismo te sirve a ti en tu momento vital. Y sobre todo con lo que te haga hacer ese clic. Ese cambio de mindset, de mentalidad.

Verás que ese clic es diferente en cada persona. De ahí lo del segundo filtrado personal. Quizás he hablado con más de cien personas para escribir este libro, y a cada una lo que les hizo dar ese clic fue una cosa diferente. Conocerás esos clics, y encontrarás (espero) el tuyo. Te cuento el plan.

Este libro es como una hoja de ruta, es probablemente el libro más práctico y accionable que encontrarás en Web3. O al menos el que me hubiera gustado a mí que existiera.

Claro que habrá teoría, y nuevos conceptos que habrá que

asimilar, porque es imprescindible para tener una base sólida y entender el conjunto, pero verás que esta teoría está siempre complementada con experiencias de personas que lo han puesto en práctica, y te cuentan cómo. Porque la teoría no es nada parecida a la realidad. La realidad la forman las vivencias personales de aquellas personas que la están construyendo.

Así que la idea es ahorrarte esas horas y horas de aprendizaje, para que, en lo que tardes en leer este libro, tengas lo imprescindible preparado para empezar a construir: la base, el mindset, o el clic del que hablábamos, la motivación y la lista de tareas.

Y sin necesidad de tener conocimientos técnicos. Si sabes navegar por Internet, sabes enviar un correo electrónico o manejar aplicaciones de mensajería en tu móvil, es aquí.

Cada capítulo es una vertical, o una vertiente, de lo que compone el nuevo Internet. Porque veremos que esto no va solo de tecnología, de hecho incluso va mucho más de sociología. Así que en cada una de esas 10 vertientes encontrarás una aproximación teórica que te pondrá en contexto, la experiencia de alguien que ha contribuido a construirla y un pequeño workshop con ejercicios prácticos para que puedas seguir tú.

También he incluido al final un glosario con todos los "palabros" que aparecen, los conceptos nuevos que decíamos que tendrás que asimilar. Así los tendrás a mano y, si aparece alguno y lo quieres refrescar, ya sabrás dónde encontrarlo.

En cuanto a las verticales, empezaremos por los fundamentos, donde entenderás de verdad qué es esto de la Web3 y qué componentes necesita para existir, dedicando otro capítulo a la tokenización, uno de ellos, en el que vale mucho la pena profundizar. También hablaremos de adopción, de en qué momento nos encontramos y de qué tiene que pasar para que lleguemos a una adopción masiva y sana. Y, por supuesto, de tecnología, para entender qué tiene que ver la tecnología blockchain en todo esto. Y de sociedad, de cambios de comportamiento, que influyen también en el marketing y la comunicación, en los que algunas cosas también están cambiando. Otras no tanto.

Hablaremos de negocio, de cómo aprovechar la oportunidad para construir con propósito, y de qué aplicaciones con utilidad real existen en el presente en el que vivimos. Haremos un viaje en el tiempo, a 2030, para ver cómo será un día corriente en el Internet de nuestro día a día (o eso intentaremos, verás que traigo refuerzos), y acabaremos con una conclusión que, más que conclusiva, deja lugar a algo abierto, vivo, porque esto está en constante evolución.

En cada uno de estos capítulos, como avanzaba, contaremos con la visión de personas con experiencia práctica. Vivencias reales de personas reales, contemporáneas y, lo más importante, cercanas. Será, de hecho, como quedar para tomar café con esa persona y ponernos al día. Porque no quiero poner ejemplos lejanos que se queden en eso, solo ejemplos. Y no quería contar solo mis vivencias. De hecho, más allá de algún ejemplo concreto, no las he incluido en ningún capítulo.

Quiero que veas cómo personas que parecen tan heterogéneas entre sí tienen algo tan en común: hacer cosas en Web3. Hombres, mujeres, jóvenes o no tan jóvenes, en el mundo corporativo o en el del tatuaje, con sus aciertos y sus errores (o, de nuevo, aprendizajes, que queda mejor). He conocido y tomado ese café virtual con todas ellas, todo lo que contaré sobre ellas es porque me lo han contado a mí primero, y las he elegido porque me han inspirado.

Ese es el tipo de recurso que me hubiera gustado tener. Con todas esas horas de experiencia, con el lado humano, con la práctica más allá de los ejemplos. Porque en este sector tan emergente, donde está todo aún por construir, hace falta una dosis de realidad. De qué se podría llegar a hacer, hasta dónde podríamos llegar, pero sobre todo de qué se puede hacer ahora. Por dónde podemos empezar.

Hace falta más estructura para emprender, poder seguir construyendo, y hacen falta perfiles de todos los colores y formas que entiendan que aquí sí hay casos de uso, y que los encuentren.

Porque aunque decía que mi experiencia personal no está en ningún capítulo, en realidad todo esto es mi propia experiencia. Es aquí donde recojo todos esos anhelos, lo que me hubiera gustado saber, lo que me hubiera gustado evitar, todos esos aprendizajes, y esa visión con la que pretendo inspirar, sí, pero bajada a la tierra, para no solo pensar en hacer, sino hacer. Ya.

Vamos.

2. FUNDAMENTOS

¿Qué es la Web3?

Has oído alguna de estas palabras. Seguro.

NFT.

Blockchain.

Metaverso.

Tienen algo en común: forman parte del nuevo Internet. Cada vez conocemos más aplicaciones y sin duda la Web3 es el futuro (y, cada vez más, presente) de Internet tal y como lo conocemos. Pero para entender realmente qué es la Web3 y qué implica su adopción, demos antes un breve paseo por la evolución de Internet.

En los años noventa, nace lo que conocemos como Web1. Un primer Internet más bien estático dominado por protocolos abiertos y que estaba pensado solo para la lectura. Podíamos consultar o leer información, pero no interactuar con ella.

Hasta que en los 2000, a la lectura que permitía la Web1 se le añade la capa de escritura, gracias a la aparición de los dispositivos móviles o las redes sociales. Así aparece el Internet tal y como lo conocemos en la actualidad, la Web2, donde además de consultar información, podemos interactuar con ella y crear contenido. En este escenario, los sistemas siguen siendo centralizados. Es decir, pese a que podemos crear y editar, son las corporaciones tecnológicas, como Google, Amazon o Meta, las que controlan y poseen la información. No somos realmente propietarios del valor de esos datos.

Por ese motivo nace la Web3, para añadir una nueva capa

de propiedad a la Web2. No es un Internet nuevo en sí, ya que aprovecha el mismo hardware y el sistema general ya construidos, sino que es una evolución natural del actual que pretende descentralizarlo, hacerlo más abierto y otorgar más poder a las personas usuarias, cambiando nuestro rol para que seamos responsables y propietarias de nuestros datos y no dependamos de terceras partes.

Bajo este contexto, podemos resumir que, desde el lado de esa persona usuaria:

Web1 = lectura

Web2 = lectura + escritura

Web3 = lectura + escritura + propiedad

Pero, entonces, ¿qué es exactamente la Web3? Pues no existe una definición oficial como tal, ya que es un concepto que está en construcción y evolución constante y es algo complejo encasillarlo. Aunque hay una definición que me gusta especialmente, y es la de Packy McCormick, un inversor referente en el ecosistema Web3. La define como:

"El Internet que pertenece a los creadores y usuarios, orquestado por tokens."

Desgranándolo un poco más, y antes de ver qué son y sobre todo qué papel juegan estos tokens aquí, podemos asumir que el avance diferencial de la Web3 se sustenta principalmente en estas tres premisas: su descentralización, la tokenización que la hace posible y su interoperabilidad. Para ser considerada Web3 de verdad, la Web3 tiene que cumplirlas. Y todo para servir a una cuarta: la comunidad. Vamos a bajarlo algo más en detalle.

Descentralización

Como hemos avanzado, para que la Web3 sea Web3 tiene que estar basada en la descentralización de los datos. Eso implica tanto construir y jugar en abierto, de manera que todo el mundo pueda participar en su desarrollo, como pasar la propiedad de los datos a quien los crea, sin intermediarios ni terceras partes.

Un ejemplo. Si descentralizáramos una empresa, todas sus cuestiones, como la toma de decisiones o el reparto de los beneficios, se repartirían entre toda su comunidad, no solo entre su equipo promotor o sus socios. Pero eso no significa que tenga que repartirse de manera igualitaria, sino equitativa en función del valor aportado. Todas las personas participantes decidirían en conjunto, mediante votación, serían dueñas de ese valor generado por su trabajo, y recibirían valor de vuelta en proporción.

En la teoría suena bien, y para la comunidad suena mejor, ya que se pone el foco en ella, tiene más poder y también recibe más valor, o un valor más justo, por lo aportado. Pero seguro que ya se te ocurren algunos "contras" en este plan. Como el propio sentido de lo que es justo, que podría ser algo subjetivo, o incluso la seguridad o estabilidad de un sistema así. En la práctica es más complicado de poner en práctica, valga la redundancia.

En Web3, para indicar esa descentralización, se suele añadir una "d" delante, o usar la propia palabra. Por ejemplo, seguro que te haces una idea de lo que es una dapp (sí, una app o aplicación, pero descentralizada), o el concepto de finanzas descentralizadas, que se abrevia como defi (de decentralized finance, en inglés). Entraremos un poco más a explicar qué son las dapp en el capítulo de tecnología.

En defi no entraremos en detalle, porque las finanzas descentralizadas dan para otro libro, literalmente, pero sí iremos viendo casos de aplicaciones presentes y futuras. Básicamente, descentralizar las finanzas implica prescindir de los intermediarios, en este caso por ejemplo de los bancos, tener en propiedad real tu propio dinero y operar con protocolos distintos, respaldados por la comunidad.

Eso sí, aunque existen sistemas más o menos descentralizados en la actualidad, no todos tienen por qué ser Web3, recuerda, si no cumplen también las otras dos premisas. Las que veremos ahora.

Tokenización

Decía la definición que la Web3 está orquestada por tokens.

Y es que, para que este nuevo Internet descentralizado sea posible técnicamente, es necesario adoptar un mecanismo que otorgue esa propiedad a quien lo cree, y la testifique. Los tokens son el mecanismo indicado, porque permiten precisamente eso.

Los tokens son unidades de valor, activos digitales, que tienen una utilidad e implican posesión y gobernanza. Los hay de varios tipos (como, por ejemplo, los NFT) y pueden tener muchas naturalezas. Entraremos en detalle en el siguiente capítulo, dedicado íntegramente sobre esto, pero en este contexto base quédate con que se usan para otorgar esos derechos al propietario, tanto económicos como de decisión o pertenencia. Y en cuanto a qué significa tokenizar, quédate también por ahora con que no es más que convertir activos, tanto tangibles como intangibles, en tokens, para darles esas propiedades.

De hecho, se podría tokenizar prácticamente todo lo que imagines. Un inmueble, un documento oficial, las acciones de una empresa, la entrada a un evento, el talento... Todo se puede convertir en activo digital, o crear un activo digital de ello. Eso sí, que tenga sentido, utilidad y aporte valor, ya es otra cosa. Lo veremos también, y de la mano de la persona que conozco que más cosas ha tokenizado. Por lo que decíamos de la teoría versus la realidad.

Interoperabilidad

Esta quizás es la premisa que menos se cumple, o que menos se logra cumplir hasta ahora. Yo, de hecho, diría que la interoperabilidad es el reto actual que tiene la Web3, si nos centramos en la práctica.

Porque este Internet no tiene que ser solo descentralizado y otorgar esa propiedad a las personas usuarias, mediante los tokens como instrumento, sino que también tiene que ser interoperable para que lo anterior tenga sentido. Interoperable de verdad. No tiene sentido que esos activos tokenizados sean tuyos, pero que no puedas usarlos libremente o dependa de un sistema operativo concreto. Que puedas llevar esa información contigo; usar tus tokens, poseer tu identidad y ejercer esos derechos en cualquier lugar de la red, de Internet, es vital.

Eso pasa por que tenga que haber un entendimiento común entre todos los agentes involucrados y se establezcan unos estándares. Y eso, en un sistema que hasta ahora es centralizado, donde cada agente pone sus normas de juego, es algo complicado de conseguir, al menos de repente. Aunque se está trabajando en ello, aún queda mucho por hacer, y la idea es esa: llegar a un escenario en el que puedas conectar y usar tus activos digitales y tu información en cada web, dapp o incluso metaverso de la red, independientemente de la empresa o entidad que lo haya creado.

He mencionado metaverso y no es casualidad. No pretendo entrar en detalle a definir qué es el metaverso, pero creo que en este caso ilustra muy bien a qué nos referimos cuando hablamos de interoperabilidad, o de su inexistencia.

Para algunas personas, el metaverso es un mundo online donde puedes crear tu propio avatar, tu identidad digital, y vivir experiencias. Otras dicen que es una utopía digital donde la gente puede reunirse y compartir ideas. Y otras, que es parte del futuro de Internet, y que estamos avanzando hacia un mundo dominado por los metaversos. Y es que tiene muchas utilidades.

En ellos puedes conocer gente nueva, socializar y colaborar con comunidades, crear o explorar nuevos lugares, jugar, tener reuniones, asistir a clase o incluso abrir nuevos modelos de negocio comprando y vendiendo bienes virtuales (exacto, los activos digitales, o tokens, de los que estábamos hablando hace un rato). Las posibilidades son muy amplias.

Pero para que el metaverso sea considerado un metaverso Web3 como tal, y no solo una web algo más interactiva o inmersiva, debería cumplir las mismas premisas: estar lo más descentralizado posible, orquestado por tokens y ser interoperable.

En el metaverso Web3 podrías comprar una camisa para tu avatar digital, tokenizada, y poder usarla tanto en tu juego favorito como en tu sala de reuniones virtual, o en cualquier lugar de la red. Eso añadiría mucho valor a la comunidad.

Y ahora ya tenemos las tres premisas claras:

- Descentralización

- Tokenización

- Interoperabilidad

Nos falta conocer el corazón de la Web3: la comunidad

La comunidad es la que hace posible este nuevo Internet, es la que tiene que participar activamente en su construcción y la razón de existencia del mismo. Es su motor. Sin una comunidad detrás, no tiene sentido que se construya en abierto, y no hay valor que repartir ni descentralizar.

La Web3 es revolucionaria precisamente porque pone el foco por primera vez en esas personas usuarias, con el objetivo de democratizar Internet y darnos más control.

Permite, en cierto sentido, que podamos poseer trocitos de Internet. Los trocitos de Internet que generamos, y que los podamos compartir o incluso monetizar.

Aunque, matiz, cuando hablo de comunidad no me refiero a la comunidad Web3. De hecho, la comunidad Web3, las personas activas hoy en día en Web3, son minoría. Deberíamos permitir, y no solo eso, facilitar, que cualquier persona pudiera acceder a este Internet descentralizado, y no poner barreras tecnológicas ni de aprendizaje, si es que queremos fomentar la adopción y que esa comunidad y este Internet se sustente y se construya. Por eso en ocasiones se habla, y me gusta, de la Web2.5 (un paso intermedio entre la Web2, la anterior, y la

Web3, la siguiente, como hemos visto al inicio del capítulo). Veremos esto algo más en detalle en el capítulo de adopción, creo que podemos dejar aquí los fundamentos.

Puede que este capítulo haya sido de los más densos, o el que más, pero habrá valido la pena si llegas hasta aquí con la capacidad de poner en contexto lo que viene ahora.

UNA PAUSA PARA EL CAFÉ: Valentín Santamaría

Vamos a tomar un café con Valentín, un ciclón de energía fan de los océanos azules.

A ver qué nos cuenta sobre estos fundamentos, y sobre cómo aplica todo esto en su vida.

Valentín, según él mismo, tuvo claro desde el principio que, entre ganar dinero o tener razón, se decantaba por la segunda opción. Así que se dedica a ganar dinero en un nuevo e inmenso océano azul de oportunidades, con todos sus peligros.

Imagina un chico de Cantabria, inquieto, decidido y al que siempre le ha gustado buscar la parte de atrás a las cosas. Eso que no se ve pero está. Creció entendiéndose más bien poco con su entorno y mucho mejor consigo mismo, y acabó convirtiéndose en alguien, aunque más bien a ojos de los demás, diferente de las personas que le rodean.

Y eso le llevó a buscar personas que sí estaban alineadas con sus inquietudes, y sobre todo que estaban ya donde él anhelaba llegar, viviendo situaciones incómodas, pero siempre sintiéndose cómodo con lo que hacía. Desarrollando unos reflejos, una empatía y una polivalencia extra que le hicieron empezar a fijarse tempranamente en todo lo que conformaría las bases de lo que ahora llamamos Web3.

Hasta que un día, en una marcha de varios días por la alta montaña en los Pirineos, conocer a ciertas personas marcó un antes y un después en su vida. Decidió hacer limpieza y sacar todo lo que le lastraba, para hacer un hueco y empezar en serio a entender qué se estaba cociendo. Empezó a ir a eventos, a estar en todos los saraos, de Cantabria a Berlín, pasando por el mundo entero, hasta que se dio cuenta de que todo aquello tenía una arquitectura detrás que daba pie a construir cosas intangibles, pero tan disruptivas que a medio plazo eran vitales para el desarrollo de las personas a todos los niveles dentro de Internet.

Y se puso manos a la obra, hasta hoy, cuando después de casi 7 años y con una trayectoria profesional extensa dentro de este sector (como formador, consultor, asesor, inversor y creador de contenido), ahora trabaja en Belobaba, un fondo regulado que invierte en empresas que usan esta tecnología, así que se pasa el día actualizándose, documentándose, leyendo informes y viajando para visitar proyectos nuevos o dar charlas. Y, eso sí, recargando pilas en las montañas entre tanto viaje.

Así que, el consejo que te daría él si te tuviera delante, seguramente sería que después de un tiempo prudencial aprendiendo sobre Web3, leyendo, viendo vídeos, te preguntaras y te respondieras de forma muy honesta a la pregunta: ¿para qué quieres todo esto en tu vida?

¿Para estar al día? ¿Para entretenerte? ¿Para tener un tema de conversación?

Entonces está bien así, puedes relajarte.

Pero si realmente lo haces porque crees que puedes aportar un valor diferencial a la sociedad mediante el uso de esta nueva tecnología y, te llena tanto personal como profesionalmente, entonces dale tan duro como puedas, y que nada te frene. Igual que no tienes que entender cómo se envía un email para enviar uno, no te pares para cuestionarte qué ruta sigue la transacción en la blockchain, o de dónde sale ese hash, no te entretengas en temas técnicos a no ser que quieras especializarte en ello. De hecho es lo que le hubiera gustado a él, que el mensaje hubiera sido menos técnico, menos excluyente, para que en lugar de generar rechazo generara más integración.

Así que si eliges darle duro, apúntate a todos los eventos (no a eventos donde te motiven, sino donde aprendas), incluso a hackathons para conocer nuevo talento e impregnarte de un ambiente lleno de ideas, innovación y ganas por trabajar contra tendencia. Y, si te encuentras con Valentín, que es probable, acércate a conocerle. Seguro que te echa un cable, porque es una de las cosas que él ha hecho siempre. Dar sin pedir nada a cambio, aportar su granito de arena en este sector donde es tan importante ayudar al principio.

Porque Valentín es esa clase de persona que no te mira mal ni se pone en estado de alerta si te acercas a él cuando está tomando algo en una terraza para preguntarle algo. Al revés, le gustaría que las personas fuéramos más abiertas. Y para él la Web3, se le llame Web3 o no, es el hermano mayor de Internet, donde podemos hacerlo todo, desde replicar una vida digital hasta transferir valor, pero lo más importante es que se permite por primera vez, que cada persona se sienta acogida y valiosa en un mundo tan frío como puede ser Internet.

Porque el Internet actual te deja aislado. Construir en el Internet actual es quedarte en una red aislada. Pensábamos que Internet nos conectaba con el mundo, pero realmente no. Ahora Internet nos entretiene, nos proporciona información, pero no nos conecta realmente.

En cambio la Web3 es un Internet donde se te reconoce, se interactúa contigo y, en lugar de simplemente venderte, se te ayuda. Donde la premisa, además de la utilidad, es un poco más la humanidad. Todo lo que emprendamos en Web3 tiene que ir destinado a las personas.

Vamos hacia un Internet, y a un mundo, donde cualquier persona desde cualquier parte del planeta pueda transferir valor. Países en desarrollo, sin tener que tener las mismas ventajas que los más desarrollados, podrán acceder a lo mismo. Trabajaremos en empresas digitales, donde el trabajo intelectual valdrá lo mismo independientemente de dónde te encuentres físicamente. De ahí la importancia de tener esa cultura general sobre todo esto, pero también de saber encontrar tu hueco y convertirte en especialista sobre algo concreto. Seguro que a Valentín le gustará la idea de convertirte en filtro de café, cuando la lea.

Porque eso fue lo que le hizo hacer el clic del que hablábamos al principio: entender que todo esto iba a cambiar su vida. Que estaba ante un océano azul de oportunidades profesionales, y se estaba dando una circunstancia de las pocas que iba a tener en su vida para aprovechar. Que aquí había gente brillante, se movía dinero, se movían comunidades, empezaba todo a cuajar. Que ojalá le hubiera pillado todo esto cuando tenía veinte años, porque entonces hubiera sido una apisonadora, un ciclón, hubiera dejado todo lo que estaba haciendo por esto. Porque, en un mercado que crece a doble dígito, hay y habrá una demanda enorme de perfiles cualificados.

De hecho, a él le llegan muchísimas ofertas, muchas oportunidades interesantes, y piensa en ellas como el premio que merece después de hacer tantos años las cosas de forma diferente. Y yo coincido.

Te lo mereces, Valentín. Gracias por participar en esto.

WORKSHOP TIME

Te toca. Ahora aplícalo tú.

Piensa en cualquier aplicación o negocio de Internet, o en el tuyo propio, y en cómo lo convertirías en un negocio Web3, teniendo en cuenta las premisas que hemos visto. Cómo lo podrías hacer más descentralizado, qué partes construirías en abierto, cómo repartirías el valor, y cómo lo harías más interoperable.

Piensa también en para qué serviría hacerlo, construye tu propuesta de valor con la comunidad en el centro, pensando en cómo mejorarías su vida y qué utilidad tendría esto para ella.

Y, una tarea extra patrocinada por Valentín: haz una lista de eventos Web3 a los que asistirás este año, y asiste.

3. TOKENIZACIÓN

Todo acerca de los tokens

Lo comentábamos en el anterior capítulo. La tokenización es lo que hace posible que exista la Web3, orquestarla, y lo que nos permite operar en ella.

Mencionábamos que los tokens, esas unidades de valor, son necesarios para poder otorgar esos derechos y utilidades, y que tokenizar es dotar a un activo, existente o de creación digital, de esas propiedades. Pero bajemos un poco más.

La tokenización de activos digitales se refiere al proceso de convertir un activo físico o intangible en un token digital en una blockchain.

Hablaremos un poco más adelante, dentro de un par de capítulos, sobre la tecnología que hay detrás de todo esto, la blockchain, sin entrar en detalles demasiado técnicos, para entender por qué es necesaria. Pero, en este contexto, quédate con que esa blockchain es la red que permite que esos tokens, que representan la propiedad o derechos de un activo, puedan ser intercambiados y transferidos de manera segura y eficiente sin la necesidad de intermediarios tradicionales. Permite que podamos tener un Internet descentralizado, porque los tokens son lo que otorgan esa propiedad.

Tokenizar un activo, convertirlo en token, implica ventajas como estas:

Hacerlo más accesible

Tokenizar permite la división de activos en unidades más pequeñas y fraccionables, por lo que hace ese activo tokenizado más accesible para todo el mundo. Así podemos poseer trocitos de comunidades a las que pertenecemos o incluso de activos que hasta ahora nos era más difícil poseer.

Por ejemplo, vamos a tokenizar un inmueble, una casa en la playa. En lugar de tener que ahorrar una gran cantidad para poder comprarla y tenerla en posesión, si la tokenizamos podemos dividir esa posesión y derechos en partes más pequeñas (por ejemplo, cada habitación, aunque no solo tiene que ver con la delimitación del espacio, podrían ser más partes), comprarla entre varias personas, en comunidad y disfrutar la parte proporcional o, si se alquilara o vendiera, obtener esos beneficios proporcionales.

Hacerlo más transparente

Tokenizar puede aumentar la transparencia de los activos subyacentes, ya que permite que todas las transacciones queden registradas y que puedan ser consultadas en cualquier momento y desde cualquier lugar.

Pero, por ejemplo, ahora vamos a tokenizar una organización sin ánimo de lucro. Si las donaciones estuvieran tokenizadas, podrías seguir en todo momento, en tiempo real, las donaciones que ha recibido esa ONG y dónde van a parar esos ingresos. Podrías consultar qué parte se destina a los gastos de equipo, a marketing, o qué cantidad de dinero exacta realmente ha llegado al destino y en qué se se ha hecho con la donación. Y todo quedaría registrado de manera automática y segura, por lo que sería muy difícil manipular los resultados. Veremos en detalle cómo en el capítulo de tecnología.

Hacerlo más líquido

Tokenizar permite también aumentar la liquidez de los activos, porque esos activos que ahora son tokens se pueden comprar y vender en el mercado secundario de manera mucho más fácil.

Otro ejemplo. ¿Recuerdas esa camisa tokenizada que te compraste en el metaverso, en el capítulo de fundamentos? ¿Que podías usar, gracias a la interoperabilidad, en tu juego favorito y en tu sala de reuniones del trabajo? Pues, como está tokenizada, además de usarla donde quieras, la puedes poner a la venta, o vender, en dos clics, en un mercado secundario. No es propiedad del juego, ni de la empresa del metaverso. Es tu propiedad y no necesitas intermediarios para venderla.

O, volviendo al primer ejemplo, también podrías vender tu trocito (tu habitación, por ejemplo) de la casa de la playa cuando quieras, sin tener que pasar por el papeleo y de manera igual de segura. Todo quedaría trazado en el código. Veremos muchas más aplicaciones.

De hecho una de las mayores ventajas de tokenizar algo es la eficiencia. Los tokens se pueden transferir de manera instantánea, sin necesidad de intermediarios ni de validaciones humanas, todo de manera más automática gracias a su programabilidad. Como estos tokens son programables, pueden utilizarse para ejecutar código, y permiten automatizar muchos procesos sin perder seguridad. De nuevo, veremos todo esto en el capítulo de tecnología.

Porque aunque la tecnología es importante, en esto de tokenizar es lo de menos.

Comentábamos que todo o casi todo lo que imagines se puede tokenizar. Poderse, se puede. Otra cosa es que tenga sentido.

Para que tenga sentido, estos tokens tienen que tener un valor y una utilidad. Y sobre todo tienen que tener demanda. Esto va más de negocio. Así que tokenizar no es solo tarea de perfiles técnicos, tiene gran parte de estrategia. De creación de métodos de captura de valor para ese token, para que no solo tenga valor desde un inicio, sino que no lo pierda, darle rotación para que no se estanque, y para que vaya tanto aportando como ganando aún más valor con el tiempo.

De todo esto se está aún aprendiendo en el sector Web3, ya que hay pocos proyectos que hayan logrado hacerlo bien y sostenerse en el tiempo. Aunque quien sabe mucho sobre ello es el protagonista del siguiente café, así que le dejo los detalles a él.

Ahora nos toca profundizar en lo que surge de tokenizar: los tokens.

Los tokens (o, como también se les llama en ocasiones, activos digitales) son unidades de valor que tienen una utilidad e implican posesión y gobernanza dentro de un ecosistema, proyecto o comunidad.

Pueden tener muchas naturalezas, muchas utilidades distintas, y hay muchísimas clasificaciones y tipos, vamos a ver los imprescindibles.

Aunque antes, un inciso. Token, o activo digital, no es lo mismo que criptomoneda. En muchas ocasiones se confunden, o hay casos en los que no queda del todo claro, pero ten en cuenta que son conceptos distintos. Las criptomonedas, como por ejemplo bitcoin, son tokens nativos de una red blockchain, y se suelen diferenciar por su uso, mayoritariamente como medio de pago, o como reserva de valor. Se relacionan más con el ámbito financiero. En cambio un token no tiene por qué tener una red propia, y se basa en más utilidades.

Ahora sí. Vamos a ver los principales tipos de token con

algunos ejemplos.

Podemos catalogarlos mediante dos clasificaciones distintas.

La primera, por su fungibilidad: los tokens pueden ser fungibles o no fungibles.

Los **tokens fungibles** hacen referencia a esos tokens que se consumen al uso y que puede ser reemplazables por otros. Se suele ejemplificar con las monedas. Imagina ese token fungible como una moneda de euro: puedes cambiar tu moneda de un euro por mi moneda de un euro y no perderías ni ganarías, porque ambas tienen el mismo valor. Son intercambiables entre sí.

Aunque otro ejemplo que podríamos poner aquí es el de tu trocito de la casa en la playa. Si yo también tuviera uno, podrías cambiar tu trocito, tu token, por el mío, ya que ambos representan dos partes iguales del mismo activo.

Los **tokens no fungibles o NFTs** (más conocidos como NFTs, por sus siglas en inglés, non fungible tokens), en cambio, son los que no pueden dividirse ni intercambiarse entre sí, ya que cada uno tiene un valor único. El típico ejemplo que se pone aquí: las obras de arte. Puede que tú tengas un token que represente un cuadro, y yo tenga otro token que represente otro cuadro. Ambos son cuadros, pero no me podrías intercambiar tu Mona Lisa por mi Jardín de las Delicias, porque aunque ambos son arte, no son lo mismo ni tienen el mismo valor.

Y otro ejemplo, que me gusta particularmente porque creo que se entiende mejor que el del arte, al ser algo más cotidiano. Si tokenizáramos los documentos de identidad, por ejemplo los DNI en España, serían no fungibles, NFTs. Porque tú tendrías tu DNI y yo el mío, sirven para lo mismo, e incluso se podría decir que son lo mismo, pero no son exactamente iguales. Cada DNI es único y cada persona tendría el suyo.

Postdata interesante, fuera de la clasificación que comentamos pero siguiendo con el ejemplo de tokenizar los DNI. ¿Cómo podríamos evitar que alguien nos robara la identidad o nos la intercambiara? ¿Hasta qué punto sería seguro tokenizar el DNI? Para intentar solucionar eso se ha creado otro tipo de tokens, los **soulbound tokens** (que, en inglés, hace referencia a que están unidos a tu alma). Estos tokens, una vez generados y entregados, ya no pueden cambiar de propiedad, de wallet o cartera digital, ni enviarse a nadie. Así que si un DNI fuera un token, seguramente sería soulbound.

Y, volviendo a la clasificación, vamos a ver la segunda, en la que se clasifican los tokens por el tipo de activo que tienen detrás.

Los **security token**, o tokens de seguridad, están directamente vinculados a activos tangibles regulados como inmuebles, equity, bonos y demás. Son el resultado de tokenizar estos activos ya existentes del mundo físico, y por eso funcionan de forma similar a la compra y venta de acciones y tienen que cumplir una normativa específica para emitirse.

Por ejemplo, nuestro token de la casita en la playa sería un security. Porque ese token en realidad representa un trocito de ese inmueble, con los derechos que conlleva, y su valor siempre dependerá del valor del inmueble del mundo físico.

Los **utility token**, en cambio, son tokens que no están ligados a ningún activo del mundo físico como tal, sino que otorgan derechos y utilidades extra, como indica el nombre en inglés, a quienes lo posean.

Por ejemplo, imagina que con cada compra en tu supermercado te regalan tokens. Como si fuera el típico programa de fidelización de clientes donde ganas puntos, pero tokenizado. Y que esos tokens puedes acumularlos, canjearlos por productos o descuentos del supermercado o incluso vendérselos o regalárselos a otra persona (porque, como están tokenizados, son de tu propiedad y puede haber un mercado secundario). Serían utilities, porque no tienen ningún activo regulado detrás. Simplemente tienen una utilidad.

Ahora bien, la realidad fuera de los ejemplos suele ser más complicada. Hay muchos casos en los que la clasificación no es tan clara. Puede que un mismo token te otorgue diferentes utilidades y derechos, y se dé lugar a un token que sea considerado un security, pero también un utility. Por ejemplo, si ese token te da derecho a la obtención de beneficios de una empresa (security) y también a descuentos en sus servicios (utility).

En estos casos mixtos, tengan poco o mucho de security, en el marco regulatorio se trata a los tokens como si fueran securities, con las implicaciones legales que comporta. Entraremos un poco más en el estado de esta regulación en el capítulo de adopción.

Como ves, aunque hay muchos tipos y clasificaciones (y muchos en los que no hemos entrado aquí, ya que aunque son interesantes no son imprescindibles en esta primera aproximación), y aún así resulta difícil catalogar todas las posibilidades que ofrece, y ofrecerá, la tokenización. Hasta hay quien dice que existen incluso demasiados, y que llegaremos a un punto en el que, en lugar de tener muchos tokens diferentes para muchas cosas, tendremos unos pocos tokens pero muy útiles. Le conoceremos en el capítulo de sociedad.

Ahora nos toca conocer a ese alguien que ha tokenizado, y mucho.

UNA PAUSA PARA EL CAFÉ: Javi Celorrio

Vamos a tomar un café con Javi, un arquitecto que ha tokenizado hasta una película.

A ver qué nos cuenta sobre tokenización, y sobre cómo aplica todo esto en su vida.

Javi lo tenía claro: quería ser arquitecto.

Así que se quedó en Valencia para estudiar y desarrollar su carrera, hasta que lo enviaron a Abu Dabi. Parecía que estaba triunfando, pero no. Sentía que no era eso. Buscaba un cambio.

Entonces descubrió el mundo de las finanzas descentralizadas, se interesó, hizo un bootcamp, se interesó aún más y, casi sin querer, pasó de alumno a profesor en muy poco tiempo. De hecho, fue mi profesor. Así que no he podido ser del todo objetiva incluyéndole. Si le conoces, lo entenderás.

Y es que desde entonces no ha parado. Ha tokenizado muchos proyectos, desde un club de esports, el primero del mundo con un security, hasta una película. BullRun, la primera película tokenizada de la historia. Cuando nadie sabía nada, cuando no había referentes, de cero. Y el resultado: en 24h consiguieron los fondos, la película se produjo con éxito y ahora están hablando con plataformas de streaming. Quizá la veas en una de tus plataformas dentro de poco.

Así que Javi, como él dice, ha estado en la jungla. Construyendo, probando, haciendo cosas que no había hecho nadie. Se arriesgó, se quedó en Web3 por lo que vio que se podía llegar a hacer con esa tecnología, dejando de confiar en terceros y confiando en la matemática, y ahora es de las personas que conozco que más cosas ha tokenizado.

Por eso para él la Web3 tiene los tokens en el centro. Te lo explica como si tuvieras 5 años, con el papicoin. Imagina que, en un ecosistema concreto, en una casa, hay dos niños que no se portan bien, y su padre quiere cambiar la situación. Entonces corta una hoja de papel a trocitos y convierte cada trocito en una moneda, la papicoin. Con esas papicoins, esos tokens, se pueden hacer varias cosas, tiene varias utilidades. Por ejemplo, si tienes 5 papicoins, eliges dónde vamos a merendar, y si tienes 50 eliges dónde vamos de vacaciones. ¿Y cómo las consiguen esos niños? Portándose bien.

Seguramente, si le dieras a elegir a alguno de los niños entre un euro o una papicoin, elegiría la papicoin, porque dentro de ese ecosistema tiene más valor esa moneda que su padre ha creado. Así que realmente eso es la tokenización, lograr generar un modelo de incentivos que aporte valor en un ecosistema concreto.

Por eso hay que saber cuándo tokenizar. Cuando haya un producto que lo respalde, o como alternativa financiera a mercados que no tienen liquidez hoy, como por ejemplo en el sector del cine con la película. Si no, acabas tokenizando humo.

Por eso hay que saber también cuándo no tokenizar. Cuando un proyecto no funciona, o un producto no gusta, y decides tokenizarlo para ver si así mejora, estás cometiendo un error. Porque si una idea no tiene tracción, no la tendrá por estar tokenizada. Como dice Javi, una mierda tokenizada sigue siendo una mierda. Y perdónanos lo malsonante del ejemplo, pero es que me parece de lo más acertado.

Y, cuando sí tiene sentido tokenizar, elegir el tipo de token. Seguramente en el caso de los securities esté más claro, si la visión es más tradicional o inversionista.

Si lo que quieres es crear un ecosistema, con incentivos donde crecer orgánicamente, Javi apostaría por un utility, ya sea un token fungible o un NFT. Lo importante, para él, y coincido, es el diseño de mecanismos de ese token. Lo que veíamos hace un rato. Cómo funciona ese token, y si realmente tiene sentido dentro de ese ecosistema. Si el ecosistema va a funcionar mejor por tener ese token, si es un aliciente, tendrá sentido y funcionará si está bien diseñado. Aunque depende mucho del proyecto, como en todos los sectores, y de su grado de madurez.

Eso sí, hagas lo que hagas prepárate para el papeleo. El producto solo es un 10%, tendrás que empaparte de la regulación, de lo tributario, tendrás que poner muchísimo orden en las finanzas, y tener bien preparado todo ese track record para cuando llegue el momento de compartirlo. A Javi eso le ha enseñado resiliencia.

Se podría decir que, gracias a la Web3, ha aprendido a no ahogarse en vasos de agua. A saber reaccionar ante situaciones de presión, y depresión, muy intensas. A afrontar los proyectos con responsabilidad y, cuando se complica la situación, optimizar y funcionar. Ahora piensa en sus épocas de estudiante de arquitectura, cuando le podían los exámenes y las entregas, y se ríe.

Porque mejor trabajar en esa idea que te gusta, aunque sea

más inalcanzable, más incierta, que en algo que no te gusta nada porque sea más tangible o más rentable.

En eso ha estado bien acompañado. Es lo que siempre ha hecho bien: rodearse de buenos socios. Es vital porque es imposible estar siempre al 100%, a veces necesitas parar, descansar, y si se tienen socios es también para eso. Para saber que se deja el negocio en buenas manos.

Ese negocio que tiene ahora entre manos y en buena compañía, con, entre otros, su hermano como socio, es un publisher de videojuegos Web3, LitLab Games. O, más bien, un publisher 2.5 (ya vimos en el capítulo anterior que la Web2.5 es la intermedia, la que pretende acercar la Web3 a más públicos, eliminando barreras de entrada). Veremos en el siguiente capítulo cómo lo hace para que la Web3, y en concreto su juego Web3, sea más accesible.

Aunque Javi tiene otra idea soñada que tokenizar, que quizá en unos años salga a la luz: Perrolandia. Un lugar donde se puedan apadrinar perros en adopción mediante la compra de tokens y, que esos tokens, además de ayudar a la causa, tengan utilidades para quienes los posean. Como, por ejemplo, dentro de su campo, que en algún videojuego pudieras tener acceso a avatares exclusivos y jugar con ellos. Y a mí me gusta la idea, de hecho tengo una similar, pero con gatos. Supongo que hay dos tipos de personas.

Así que, aunque yo sea más de gatos, cuenta conmigo para Perrolandia, Javi. Gracias por compartirlo.

WORKSHOP TIME

Te toca. Ahora aplícalo tú.

Volvamos a tu negocio Web3 del workshop anterior, y a tu propuesta de valor para tu comunidad.

¿Qué tokenizarías en ese negocio? Piensa en qué activos o utilidades podrían ser tokens, o podría tener sentido que lo fueran, y en qué ventajas aportaría que estuvieran tokenizados. Define también qué tipo de tokens serían, si utilities o securities, o en su fungibilidad. O, incluso, en si tendría sentido hacer más de un token diferente o es mejor centralizarlo en uno.

Cuando tengas una idea en mente, piensa en su utilidad. Haz una lista de posibles utilidades para ese token, que aporten valor a tu ecosistema, a tu comunidad.

Y, tarea extra patrocinada por Javi, piensa en qué tipo de socios te gustaría tener en esta aventura. Cómo tendrían que ser estas personas, qué perfiles o qué cualidades te complementarían bien, y dónde encontrarles. Si es que no te ha venido a la mente alguien ya.

4. ADOPCIÓN

Spoiler: está pasando

Después de haber superado un capítulo algo más teórico, para dejar asentar todos esos conceptos nuevos, y ponerlos también más en contexto, vamos a hablar de su adopción. De cuánto hace que está en marcha este nuevo Internet, o de cuán visible es a día de hoy, de cuánto se usa realmente.

Aunque te avanzo que no entraremos en datos demasiado concretos, ni en datos de mercado, que quedarían desactualizados enseguida, porque pretendo que, dentro de lo rápido que avanza la tecnología, este recurso quede lo más atemporal posible. Si se puede aprovechar el máximo de información en los máximos momentos, mejor.

Bajo esta premisa, nos basaremos en generar una reflexión general, y en lo que comentábamos de generar mindset hace unas páginas, en la introducción. Porque seguramente ese mindset sea lo menos caduco.

Y porque, más que hablar sobre cómo está la adopción a día de hoy en términos generales, aunque sí es útil conocer su estado, hablaremos sobre algo más accionable, más cercano, sobre qué podemos hacer para favorecerla. Sobre cómo podemos acelerarla, o al menos no entorpecerla, para que siga su ritmo.

Pero, detengámonos un segundo.

¿Es realmente ahora un buen momento para adentrarse en la Web3? ¿No es algo pronto?

Spoiler: sí y no, respectivamente. No hemos llegado a la adopción masiva aún, pero eso nos permite encontrarnos en el momento justo para construir.

Hasta hace poco, de Web3 no se conocía mucho más que las criptomonedas en su versión más especulativa, o las aplicaciones en el mundo del gaming, o el metaverso. Y entonces llegó el boom de los NFT, sobre todo de la mano de artistas y celebridades, con el que conocimos otras aplicaciones como el acceso a comunidades exclusivas para propietarios de dichos tokens. Pero la Web3 ha estado ahí desde mucho antes, creciendo exponencialmente sin pausa.

De hecho, se suele comparar la tendencia de crecimiento de la Web3 con la del primer Internet, la Web1 que vimos en los fundamentos, en su día.

Al principio, muy pocas personas conocían Internet, aún menos lo usaban o tenían el hardware necesario, y casi sin darnos cuenta llegó la adopción masiva, y ahora no nos imaginamos (o, al menos, yo) una vida sin Internet. Y aunque algunas personas opinan que estas tendencias no son comparables exactamente, hay datos que muestran que si se cumple una tendencia similar que, de momento se ha cumplido, la Web3 llegará a la adopción masiva, a los mil millones de personas, antes de 2030.

Así que, aunque ahora en Web3 estemos como en la Web1 de los noventa, en realidad la adopción masiva ya está pasando, aunque aún no seamos capaces de verlo en perspectiva.

Algunos indicadores lo confirman

De hecho, 2022 fue el año de mayor construcción hasta el momento, con una gran diferencia, y 2023 va por el camino. Están siendo los años donde más transacciones y contratos inteligentes (o más conocidos como smart contracts, en inglés, aunque veremos qué son más en detalle en el capítulo de tecnología) se están realizando en las redes blockchain, y los años en los que el interés por esta tecnología no para de crecer.

Cada vez más perfiles desarrolladores están formándose para poder construir en Web3, en blockchain o tecnologías complementarias, pero no solo perfiles técnicos. Cada vez hay más ofertas de trabajo relacionadas con Web3, en nuevos departamentos o empresas, y más búsquedas de este tipo de trabajo por parte de más personas, que ya se están formando en Web3 para adquirir esas capacidades que demandan las empresas.

De momento, aunque hemos quedado en que no daríamos datos concretos, para que te hagas una idea se estima en diversas fuentes que el mercado global de la tokenización llegará a los 16 billones de dólares en 2030. Eso es 14 veces el PIB completo de España, por poner un ejemplo más tangible. Y eso implica que será 25 veces más grande que el mercado de tokenización actual en 2023. Valentín ya nos lo decía, estamos ante un mercado que crece a doble dígito.

Aunque con este crecimiento tan rápido es difícil establecer unas bases y una regulación a nivel global a tiempo (y es que es inevitable, ya que la innovación y la tecnología suelen ir por delante de la regulación), ya está empezando a surgir regulación sobre Web3 y tokenización.

Y eso es otro signo de adopción, esta vez por parte de gobiernos y entidades también necesarias para que la adopción masiva sea una realidad. Porque aunque hay reticencias acerca de si regular este mercado realmente restringe la libertad y la innovación, y precisamente juega en contra de esta descentralización de la que hablábamos en los fundamentos, una de las premisas más importantes en Web3, la realidad en la práctica es que en el mundo centralizado en el que vivimos es necesaria esta regulación, y personalmente diría que positiva en muchas ocasiones.

Por ejemplo, en los sandboxes regulatorios, una especie de entornos de pruebas para dejar operar y hacer pruebas a proyectos de mercados tan innovadores que aún no están regulados, de la mano de estas entidades regulatorias, para poder construir en conjunto.

Así que lo que nos falta para llegar a esta adopción masiva es construir.

Ahora viene una etapa más madura donde lidera el interés por los casos de uso, de proyectos y negocios con utilidad en la vida real y en el día a día.

Cuando haya tokens moviéndose continuamente y aportando valor por todos los lugares cotidianos que conocemos, en la nevera, en el coche, en el supermercado, al comprar online, en el gimnasio o en la universidad, entonces llegaremos a un punto donde la supervivencia de ese token ya no dependerá solo de una comunidad cerrada, o de unos pocos perfiles, sino que habremos creado un sistema más masivo que favorecerá el crecimiento y su sostenibilidad. Y eso llevará a la demanda de más perfiles a nivel profesional, y también a más adopción y uso a nivel global. Porque si realmente esos casos de uso cotidianos mejoran la vida de las personas, y se lo ponemos fácil, lo adoptarán.

Eso sí, hay que ponerlo fácil. Y ponerlo fácil conlleva que no haga falta que sepas que lo que estás usando es un token, o que funciona gracias a una red blockchain. Lo que decíamos en la introducción: que si sabes enviar un correo electrónico, aunque no sepas qué pasa detrás a nivel técnico cuando se envía ese correo ni qué tecnología o lenguaje lo permite, puedas usar un token.

Aquí entra el concepto que avanzábamos de la Web2.5. Porque, aunque en la teoría hablamos de Web3, o incluso de Web4 o Web5, términos de los que ya se está hablando, en la práctica el nombre es lo de menos. Lo que importa es fomentar esa facilidad de uso y, si tenemos que acercarnos a nivel práctico a la Web2, que es la que nos es más sencilla de usar porque es la que nos hemos acostumbrado, vale la pena hacerlo.

La Web2.5 es un Internet que añade la tecnología, mejoras y utilidades de la Web3, podríamos decir que a nivel backend, por detrás, pero con todas las facilidades a nivel frontend, por delante, con una interfaz y una experiencia más familiares.

Porque uno de los mayores errores en los que podemos caer en el sector Web3 es hacer las cosas para el propio sector. Desarrollamos negocios y utilidades para nuestro propio entorno Web3, para nuestra comunidad, y no para los demás. Incluso comunicamos, muchas veces sin querer, para que nos entienda solo nuestro entorno, usando "palabros" o expresiones que no son exclusivas con perfiles menos técnicos o tecnológicos. Como si esta tecnología solo fuera para unos pocos perfiles. Y entonces esos negocios no crecen, porque el sector tampoco crece.

Y abrir el círculo y que el sector crezca es lo que necesitamos para llegar a la adopción masiva real.

UNA PAUSA PARA EL CAFÉ: Sabrina Bonini

Vamos a tomar un café con Sabrina, toda una artista, y no solo divulgando.

A ver qué nos cuenta sobre la adopción de Web3, y sobre cómo aplica todo esto en su vida.

Sabrina nació en Buenos Aires, aunque con solo cuatro meses su familia se mudó a Madrid. Y desde siempre ha estado involucrada con el arte. De todo tipo. Música, fotografía, danza…

Aunque quería ser músico, aquello no era una carrera con futuro (o eso le hacían creer), así que acabó siendo técnico de sonido. Cuando se mudó a Londres, escapando de la crisis del 2008, se encontró una ciudad donde no había mujeres en el sector del sonido, aún menos extranjeras, lo que la llevó a adentrarse en la producción audiovisual. Años después, y de vuelta en España, descubrió la Web3 gracias a su marido y un amigo en común.

Empezó a jugar, a invertir, a investigar, incluso a formarse, y vio que ahí había una tecnología (y una ideología, muy parecida a lo que quiere ella para el mundo, que fue lo que le hizo quedarse) que podía cambiarlo todo. Muchos problemas, no solo en finanzas, sino de acceso, de identidad, podrían solucionarse con tecnología blockchain. Descubrió los NFT, y viniendo del arte le vio todo el sentido, también solucionaban muchos problemas del mundo artístico. Sobre todo los problemas que trae el tener intermediarios.

Porque ella como guionista, por ejemplo, conoce la dificultad de vender historias poco convencionales, sobre todo si tocan algún tema tabú. Algo que también conoce de primera mano por sus años trabajando en producción de cine para adultos. De hecho, el primer NFT que compró fue para apoyar una serie de animación. Trata de unos gatos que viven con una abuelita que fuma marihuana terapéutica, y que inhalan el humo y empiezan a hablar como humanos, entre otras cosas. Con ese NFT contribuías a financiar su producción y solo si lo tenías en posesión podías ver la serie.

Gracias a este proyecto, descubrió el poder de las comunidades, de los NFT, y cómo artistas de todo tipo, incluídas aquellas personas que hasta ahora no podían vender su arte sin un proyecto y muchos intermediarios (como artistas de animación, o incluso de la creación de efectos especiales para películas), podían comercializar su arte digital.

Hasta, por pertenecer a estas comunidades, ha hablado directamente con personas que nunca habría imaginado. Ha podido conversar con creadores de proyectos gigantes, con celebridades, de igual a igual. Porque lo interesante de construir proyectos en comunidad es que nos permite ser más horizontales. Ser más partícipes, más importantes.

Aunque vio que no había suficiente información acerca de todo esto en español, la mayoría estaba en inglés. Y entonces tomó acción. Empezó a educar, a hablar de todo esto en español para que fuera más accesible para todo el mundo, y en especial a acercar a mujeres artistas a las ventajas de la Web3.

Ese propósito le hizo replantearse todo. Dejó la producción, su ocupación principal, y se tomó un tiempo sabático para pensar. Y lo decidió: se dedicaría a la Web3 a tiempo completo. Empezó a hacer consultoría, a descubrir cuál era su sitio en este sector y, tras pruebas y errores, la respuesta vino "sola". Se dedicaría a comunicar sobre Web3.

Porque Sabrina detectó un problema enorme. Hay un problema de comunicación en Web3. Entraremos más en el capítulo de comunicación, pero básicamente se basa en que a las personas lo que les interesa es la utilidad, no la tecnología que hay detrás. Porque la Web3 formará parte de nuestro día a día, sí, pero casi sin que lo veamos. Seguramente usaremos NFTs, pero no hará falta decir que son NFT, simplemente lo serán y se usarán.

Y en Web3 esto se suele comunicar mal, nos enfocamos demasiado en tecnología, y así no llegamos realmente a las personas, solo hacemos que piensen que, como es algo demasiado tecnológico, no tiene que ver con ellas. Cuando realmente todo esto se hará con el teléfono móvil, igual que usamos una red social, con la diferencia de que ahora ese Internet nos pertenece, y las personas podemos ser dueñas de nuestros activos digitales, ya sean nuestros datos, nuestro arte, o todas las cosas que surgirán.

Así que ahora, cuando su gata le da tregua (Sabrina es de mi tipo de personas), se dedica a solucionarlo. Es escritora, educadora y oradora, todo ello para tratar de comunicar iniciativas Web3, tanto para ella misma con el objetivo de divulgar y fomentar la adopción, como para ayudar a otras empresas. Y está feliz con lo que hace.

Porque, lo que cree que ha hecho mejor en todo esto, es permitirse vivirlo. Quería ser emprendedora desde hacía tiempo, no sabía en qué, hasta que descubrió su propósito, y se permitió dejarlo todo para ir a por ello. Se permitió a sí misma darse esa libertad y esa flexibilidad, y experimentar para encontrar aquello que le movía.

Y te anima a hacerlo a ti también. Ahora que hay más abanico de contenido de calidad, en más idiomas, sobre más verticales (y no solo sobre inversión, o sobre tecnología), investiga. Lee, ve vídeos, pasa tiempo aquí. Empápate bien de todo, y luego céntrate en algo. Y (coincide con Valentín, así que con doble razón) ves a eventos, conoce a gente, entra en comunidades, ahí es donde descubrirás las cosas que te interesan más.

Porque esto está pasando. Las grandes marcas están probando cosas, haciendo cosas, y eso es un gran indicador. Porque son las grandes marcas las que dirigen realmente la adopción. Lo veremos en detalle, y algunas aplicaciones, en el capítulo sobre el presente.

De momento, lo que podemos hacer desde aquí es seguir educando, seguir creando cosas, tanto emprendiendo como apoyando a esas empresas. Crear casos de uso es vital para animar a empresas más pequeñas a atreverse, para que no se queden atrás.

Hay muchos problemas por solucionar. Y eso es una oportunidad, pero también significa que necesitamos más perfiles que contribuyan a solucionarlos, no solo técnicos, sino de todo tipo. Y eso es un reto. Ya lo decíamos en la introducción.

Aunque gracias a personas como tú, Sabrina, cada vez es menos reto.

WORKSHOP TIME

Te toca. Ahora aplícalo tú.

Piensa en todo eso que has tokenizado en el workshop anterior.

Detalla cómo harías accesibles esos tokens, a nivel de persona usuaria, a nivel de interfaz, de interacción, sin tener en cuenta el componente técnico ahora. Céntrate en cómo conseguirías que el mayor número de personas lo pudieran utilizar, para que el componente tecnológico no sea un freno y tenga una mayor adopción.

Y, tarea extra patrocinada por Sabrina, apúntate a comunidades, aunque sean online. Piensa qué podrías aprender, o qué te gustaría aprender, y qué podrías tú aportar, porque esto se construye en conjunto.

5. TECNOLOGÍA

¿Por qué blockchain?

No lo es todo, pero el componente tecnológico es esencial en Web3.

La tecnología blockchain es la que permite en el fundamento esta evolución y, aunque no vamos a entrar en detalles técnicos, sí es importante entender su base teórica. Y os lo cuenta una persona no técnica, recordad, aunque luego en la pausa para el café contaremos con un experto.

Aunque esto no es que sea nuevo del todo. Esta tecnología nace de una combinación de componentes base que existen desde hace tiempo, como las matemáticas o la criptografía. Solo había que unir todas las piezas para crear una tecnología que permita al mundo evolucionar. Porque lo veremos en el capítulo de sociedad, pero no es que blockchain vaya a cambiar el mundo, es que el mundo estaba cambiando y necesitaba una tecnología que lo soportara.

Blockchain (o cadena de bloques) es una tecnología que estructura y recopila los datos de manera descentralizada, a través de múltiples nodos u ordenadores, para evitar que exista un solo ente central en el cual recaiga ese poder.

Las redes blockchain son, además de descentralizadas, abiertas, de manera que cualquier persona usuaria puede consultarlas, e inmutables, ya que las transacciones no se pueden cambiar una vez confirmadas (alguien más purista podría decir que hay excepciones, pero quedémonos con la idea general de inmutabilidad que permite).

De esta manera, se deposita la confianza en el código, en

lugar de en intermediarios o terceras partes, gracias a los smart contracts.

Los **smart contracts (o contratos inteligentes)** son piezas de código que se aseguran de que se cumpla un trato bajo ciertas condiciones, sustituyendo a los contratos en papel, por ejemplo, dentro de estas redes.

Crear una red transparente y descentralizada que tenga que validar la información hace mucho más difícil que se pueda alterar o hackear esa información. Porque esta información está encriptada, es transparente y consultable pero está cifrada, así se transmite de manera más segura.

Además, evita los problemas propios de la centralización actual, como las caídas, la censura, el espionaje masivo o la reventa de datos, ya que los datos ya no son controlados por un único ente sino que pasan a pertenecer a las propias personas usuarias. O incluso los horarios, ya que la red ya no depende tanto del componente humano y está abierta y operativa 24/7, sin husos horarios, sin esperas.

También potencian la premisa de interoperabilidad de la Web3. Que estas redes sean abiertas permite que se pueda construir encima de ellas para mejorar dapps (o aplicaciones descentralizadas) existentes, desarrollar nuevas y conectarlas entre sí.

Las dapps (como vimos en fundamentos, son apps, de aplicaciones, pero con la d de descentralizadas delante) son aplicaciones que utilizan tecnología blockchain para su funcionamiento y están diseñadas para funcionar de manera descentralizada. Son como las aplicaciones tradicionales que usamos en el día a día, pero con las ventajas de estar construidas en la blockchain, sin un intermediario central y de código abierto.

Ahora bien, estas dapps, según sus necesidades, pueden construirse tanto en blockchains públicas como privadas, o incluso híbridas.

La principal diferencia es la restricción de acceso.

En una blockchain pública, cualquiera puede interactuar, construir o consultar, es más descentralizada. En cambio, una blockchain privada es más centralizada en ese sentido, ya que es una red cerrada, que pertenece a una empresa u organización, y a la que solo pueden acceder perfiles autorizados.

Muchas personas son reticentes a las blockchain privadas porque opinan que privatizar una blockchain le hace perder su esencia Web3, de construcción comunitaria, de jugar en abierto, y entonces pierde el sentido. Pero la realidad es que esas blockchain existen y son utilizadas para proyectos que por su naturaleza requieren ese grado menor de descentralización. Conoceremos a un defensor de las blockchain privadas en el café del capítulo sobre el presente.

Aunque la tecnología blockchain aporta ventajas sustanciales a la manera usual en la que tratamos los datos, tiene una principal desventaja. Y es que las cadenas de bloques suponen más recursos, al necesitar una red distribuida en lugar de un solo ente para validar la información.

Inciso: esos recursos que tenemos que consumir para ejecutar un contrato en una red blockchain requieren el pago de una especie de tasa, llamada gas, por cada transacción realizada. Utilizar una blockchain no es gratis.

Aún así, cada día se progresa más para mitigar esta

desventaja, con actualizaciones en las cadenas existentes, como en la red de Ethereum 2.0 (que redujo la energía que consumía la red Ethereum original en un 99.5%), el surgimiento de redes de menor coste como Polygon o mejorando la compatibilidad entre cadenas, para que en un futuro muy próximo esta tecnología que sustenta la Web3 sea aún más asequible y accesible.

UNA PAUSA PARA EL CAFÉ: Bruno Fondevila

Vamos a tomar un café con Bruno, un desarrollador que dice que todo esto de tecnología tiene solo un 10%.

A ver qué nos cuenta sobre la tecnología blockchain, y sobre cómo aplica todo esto en su vida.

Bruno es un ingeniero de software, con muchos años de experiencia, que se alegra de haber descubierto relativamente tarde la tecnología blockchain. Dice que se alegra porque, al estar todo más maduro, ya se podía transicionar y le fue muy fácil adaptarse.

Ahora tiene una empresa de desarrollo de producto Web3 y un proyecto paralelo más a largo plazo, Cocobay, una comunidad con NFTs que da (y espero que dará) mucho que hablar. De hecho, yo tengo uno, así que me gusta personalmente, pero ya nos contará más Bruno.

Lo importante es que tiene experiencia práctica, propia y con clientes, y eso le ha permitido ver blockchain con una doble vertiente.

Esta doble vertiente está formada por la tecnología y la cultura.

La tecnología es solo un 10%, como avanzaba, y resuelve problemas "simples", como por ejemplo una blockchain privada se centra en la trazabilidad. Porque blockchain no es solo descentralización, ya se usa para más cosas.

En cambio, la cultura es el 90% restante, y pretende resolver problemas más complejos, como esa descentralización o la generación de comunidad. Y eso presenta un reto interesante.

Las prioridades en un proyecto a nivel técnico, hasta ahora, en Web2, estaban basadas normalmente en una serie de métricas que tienes que poder asumir y para las que tienes que tener escalabilidad, como las visitas, y en optimizaciones o mejoras como, por ejemplo, la velocidad de carga. Con los servidores centralizados, puedes hacerte una idea aproximada del coste que vas a necesitar para ello.

En cambio, en Web3 tienes esas mismas métricas que poder asumir, pero el coste es muy variable o la velocidad, por ejemplo, no tan controlable, porque dependen de la saturación o agilidad de la red blockchain. Eso requiere tomar decisiones especiales, como procesar algunas operaciones más adelante si es mal momento para la red o no son urgentes.

Además de esas métricas Web2 que siguen siendo importantes, ahora, a los proyectos Web3, se les añade una métrica extra, la del nivel de descentralización, que sigue siendo un reto a nivel tecnológico. Porque es muy complejo descentralizar algo al 100%.

Bruno pone como ejemplo un proyecto de lotería Web3

descentralizada en el que trabajó. Le pidieron que fuera 100% descentralizado, y vio que llegar al 80% era asumible, incluso fácil, pero que llegar a ese 100% ya era muchísimo más complicado, y muchísimo más caro. No era viable.

Y es que habría que plantearlo de forma distinta. Venimos de un mundo centralizado y es muy complicado poder descentralizarlo todo de repente. Tendríamos que hacerlo al revés: en lugar de partir del 100% de descentralización teórico, pero poco viable a la práctica, intentar conseguir la mínima descentralización viable con la que las personas usuarias estarían conformes. Y, conforme esa comunidad se vaya volviendo más exigente, ir subiendo el grado de descentralización. Como en cualquier otro proyecto que tenga una evolución progresiva. Comunicando esa visión descentralizada, y el plan que se tiene para llegar hasta ella.

Porque la Web3, además de una nueva forma de utilizar los recursos y gestionar los procesos entorno a esos recursos, es una cultura. Ahora tenemos una plataforma que requiere usarse con mucho cuidado, precisamente porque es muy libre. Si descentralizamos 100 % algo, ese algo está ahora 100% a tu control, con el 100 % de responsabilidad que eso conlleva. Porque ese trabajo que hasta ahora hacían los intermediarios, como los bancos y los notarios, lo delegamos en el código.

Eso fue lo que le hizo hacer el clic a Bruno: la introducción de los smart contracts. Para él, lo increíble es que exista una plataforma gestionada por personas de todo el mundo, que no conoces, pero que aún así es confiable. Porque el componente tecnológico aquí es muy simple, pero muy potente. Lo realmente interesante es el poder evitar tener que confiar en un tercero.

Aunque, por otra parte, también le atrajo su complejidad. Los programadores, dice, quieren retos, cosas nuevas, y para poder desarrollar en Web3 hay que aprender nuevas habilidades. Porque no es que sea un lenguaje de programación nuevo, es una nueva forma de pensar.

Ahora el desarrollo se acerca más al open source, al código abierto, y por ello tienes que poner más cuidado. En una empresa, con un red centralizada, por ejemplo, con que el código funcione y esté medianamente correcto, ya suele ser válido. En Web3 tienes que subir el nivel, tienes escrutinio público y todas esas personas podrán ver tu código, además de participar. Eso te ayuda a crear mejores productos.

Y en eso está Bruno en su día a día. En una época de continuo desarrollo, donde el foco está puesto en la experiencia de uso, y en mejorarla, no paran de salir cosas nuevas, precisamente para simplificarla (como las nuevas maneras de custodio, o los pagos con tarjeta en Web3). Eso le obliga a mantenerse informado y atento.

De hecho, hablando de pagos, en su proyecto recuerda que lanzaron los dos tipos de pago para ponerlo más fácil: el pago Web3, con wallet o billetera digital (veremos qué es en el siguiente capítulo), y el pago Web2, con tarjeta y con PayPal. Y, anécdota graciosa: cuando salió la colección de NFTs, durante los primeros 15 minutos, la wallet funcionaba, pero PayPal no. Blockchain funcionó mejor que Web2. Precisamente porque en Web2 es más fácil cometer errores. En Web3 hay más estandarización que integración, y en Web2 no. Es más fácil, pero menos estándar.

Aunque, pese al error, más gracioso aún: Bruno, siendo el CTO, el director técnico del proyecto, pagó su NFT con tarjeta en lugar de con wallet. Y es que eso no te hace ser menos en Web3.

Así que nos anima a, en cualquier cosa que hagamos, pensar en la experiencia de las personas usuarias. Es el punto de fricción más alto en Web3, que sea fácil de usar. Debemos pensar más en Web2.5 que en Web5.

Porque, dentro de unos pocos años, la adopción será mucho más extensa, pero dejaremos de hablar de Web3. Simplemente será nuestro Internet. Nos centraremos en crear productos, como PayPal, pero más descentralizados. Y seguramente los servicios serán más o menos los mismos, pero cambiará quién los provee.

Vamos hacia construir en conjunto, hacia compartir más, y quizás por ese motivo es por el cual las personas en Web3 se unen mucho más. Bruno se lo ha encontrado, en los eventos te encuentras a personas totalmente dispares (como vemos también en la pequeña muestra de este libro), no hay estereotipos, hay diversidad. Diversidad de opiniones y de personalidades, que no se ven tanto en otro tipo de eventos, pero con una mayor predisposición a apoyar, a ayudar. Y eso es bueno. Porque refleja una manera nueva de hacer las cosas.

No es que esto sea un nuevo producto que afecte a una parte de la humanidad, es que afecta a su totalidad.

Gracias por formar parte de esto, Bruno. Tú también puedes contar conmigo.

WORKSHOP TIME
Te toca. Ahora aplícalo tú.

Seguimos con tu proyecto de tokenización de los workshops anteriores.

Ahora ya conoces el componente tecnológico, y aunque no tengas perfil técnico puedes investigar sobre qué blockchains existen, y comparar las características de cada una. No hace falta que elijas ninguna, pero piensa en qué requisitos tendría que tener, o qué métricas necesitarás cumplir, para construir tu proyecto en ella: qué grado de descentralización necesitas, si es importante que los costes o el gas sean bajos...

Y, tarea extra patrocinada por Bruno, dale una vuelta de nuevo a la experiencia de uso. Recupera cómo habías pensado que fuera, y haz una búsqueda de posibles soluciones técnicas que lo permitan. Y, como él, estate al día sobre las novedades en este ámbito.

6. SOCIEDAD

Cambios de comportamiento

Desde las primeras páginas lo venimos comentando. El concepto Web3 no se reduce solo al fuerte componente tecnológico que lo sustenta. Y seguro que después de haber llegado hasta aquí, tú también lo ves más claro.

La llegada de la Web3 implica una serie de cambios también a nivel social y económico, que evolucionarán la manera en la que nos comportamos como sociedad, nos relacionamos e incluso nos identificamos como individuos.

La tokenización de las cosas, por ejemplo, está cambiando la manera en la que nos relacionamos con las marcas, empresas, comunidades y proyectos de los que participamos. Pasamos a obtener (mediante la compra, el intercambio o también como recompensa por nuestras acciones de valor) activos digitales de esas economías, que hasta ahora eran cerradas, o privativas de alguien.

Estos tokens, al ser activos, además de darnos derechos de propiedad, gobernanza y utilidades, también se pueden rentabilizar o incluso intercambiar en el mercado. Pero lo más interesante sobre los tokens es que son la nueva forma de expresar nuestra identidad.

Porque la posesión ha definido siempre lo que somos, quiénes somos, nuestra clase social.

Hasta ahora, en el ámbito de la Web2 nuestro mayor símbolo de identidad digital eran las redes sociales. Lo que colgábamos en Instagram, los grupos de Facebook (ahora Meta) a los que pertenecíamos o incluso las cuentas a las que seguíamos en Twitter (ahora X) nos definían. Muchos, por no decir todos, de esos datos son públicos. Pero no nos pertenecen.

Con la llegada de la Web3, llega también la posesión digital. Una posesión más descentralizada, accesible, líquida, global, e incluso social. Donde nuestra identidad está definida por los tokens que poseemos, sobre todo de los NFT (por el simple hecho de estar mayormente representados por una imagen, que es más legible a simple vista por el ser humano), y nuestra nueva carta de presentación es nuestra wallet, nuestra billetera digital.

Una wallet es una cartera, billetera o monedero virtual donde podemos guardar nuestros tokens o activos digitales y operar con ellos. Son la aplicación que nos permite recibir, enviar y almacenar tokens.

La mayoría de wallets son online, como un software conectado a Internet (como, por ejemplo, Metamask, una de las más populares), aunque también existen wallets físicas. En este caso son hardware, similares a un USB, y no están todo el tiempo conectadas a la red, por lo que tienen una capa extra de seguridad para tus activos.

Nuestra wallet, además de permitir transaccionar con estos tokens en el plano funcional, es el nuevo escaparate para almacenar y mostrar aquello con lo que más nos identificamos. A qué comunidades perteneces, qué tokens utilizas, qué NFT tienes o en qué proyectos crees y estás invirtiendo.

Enséñame tu wallet, y te diré quién eres.

Ahora nuestra identidad digital está descentralizada, nos pertenece y podemos decidir conectarla, o mostrarla, a quienes elijamos, en su totalidad o solo la parte que queramos. Aunque incluso parte de esa identidad digital nos definirá para siempre. ¿Recuerdas los soulbound tokens? Hablamos de ellos en el capítulo sobre tokenización, aunque también los tienes definidos en el glosario del final. También forman parte de esta nueva identidad.

Esto, como imaginarás, y veremos también en el capítulo sobre ello, abre nuevas posibilidades sobre todo para el marketing. Con la descentralización de los datos, las wallets son la nueva oportunidad para segmentar a nuestro público y conocer sus intereses.

De hecho, las propias personas usuarias de estas wallets suelen tener una gran disposición a conectarla a las diferentes dapps. Porque sienten que tienen el control sobre lo que comparten, y con quién.

Por ejemplo, aunque tuvieras toda tu identidad en una sola wallet (que, no lo hemos comentado, pero también puedes tener varias), si te conectas a una dapp de comercio electrónico no hace falta que les compartas toda tu wallet, con, por ejemplo, tu carné de conducir tokenizado en forma de soulbound. Compartirías exclusivamente los datos que hicieran falta para la transacción, o los que tú eligieras compartir.

Porque esas personas, sobre todo, lo que quieren es sentirse partícipes, pertenecer a comunidades. Unirse a DAOs.

Pero, sobre todo, esas personas quieren pertenecer a comunidades. Unirse a DAOs (organizaciones autónomas descentralizadas, en las que entraremos ahora), o a canales de comunicación como Discord, y participar no solo en el plano económico sino también en el de la opinión tomada en cuenta, el derecho a voz y voto, o la construcción colectiva que permite la descentralización y el poner a esa persona usuaria en el centro de una manera más explícita.

Las DAO (Decentralised Autonomous Organization, por sus siglas en inglés) son organizaciones que representan un nuevo modelo de "empresa" de la Web3 en el que la gobernanza está descentralizada y recae sobre las personas participantes, en lugar de en la estructura jerárquica tradicional de control y gestión, y son esas personas participantes las que tienen la capacidad de proponer, votar y aprobar las decisiones. Todo eso a través de la red blockchain, sin necesidad de depositar la confianza en terceros, de manera más transparente y eficiente y pudiendo operar 24/7.

Según esta tendencia, ya no trabajaremos en una sola empresa, por ejemplo, sino que formaremos parte de diversas DAO y recibiremos tokens en función del valor que aportemos a cada una y de nuestra dedicación. Ese nivel de pertenencia a estas comunidades es una forma también de materializar esa posesión social de la que hablábamos.

Porque no solo aportaremos o recibiremos valor de los proyectos en los que contribuyamos con nuestro trabajo, también recibiremos tokens en recompensa por nuestras acciones de valor hacia una marca, por ejemplo, por cada compra, cada reseña o cada contacto que refiramos.

El hecho es que para poder operar en la Web3, ya sea para trabajar, consumir productos o servicios o recibir recompensas por aportar valor a proyectos, necesitaremos tener y conectar nuestra wallet, o un derivado de las wallet tal y como las conocemos hoy en día.

UNA PAUSA PARA EL CAFÉ: Miguel Benavent

Vamos a tomar un café con Miguel, un disruptor que lleva 40 años emprendiendo.

A ver qué nos cuenta sobre los cambios sociales, y sobre cómo aplica todo esto en su vida.

Miguel tiene 63 años, lleva casi toda la vida emprendiendo y es un hater. Pero de los buenos, de esas personas que incomodan, porque dice las cosas tal cual son. Es probablemente la crítica que necesita Web3, por eso le he incluido.

Con 15 años, emprendió un negocio en el sector de la cultura, con el que se pagó los estudios. Y desde entonces, no ha parado de emprender. Desde los ochenta ha trabajado como consultor de comunicación corporativa, financiera y gestión de crisis, creando su propia consultora, además de haber trabajado como directivo en grandes empresas externas del mismo sector.

Hasta que en los dos mil entró en el mundo de la innovación tecnológica, y más tarde creó su propio proyecto (originalmente, sin blockchain), hoy en fase preliminar de investigación: un ecosistema de negocios basado en la tokenización de la reputación.

Es una plataforma que opera como incubadora de proyectos que nacen de la colaboración entre las empresas, el talento individual y los inversores, aúna la experiencia de más de veinte años trabajando para todo tipo de empresas (tanto de él, como de su actual socio) y, aparte de ser una aplicación concreta de blockchain, tiene en cuenta valores como la "meritocracia", el impacto social o la sostenibilidad. Aunque es un proyecto colaborativo, y pretenden crear un equipo "core" para llevarlo hacia adelante.

Porque estamos yendo hacia un mundo cada vez más abierto, más transparente, y esta tecnología te permite que cualquier persona tenga poder y pueda participar en tiempo real en cualquier decisión. Miguel opina que esto es inevitable, por lo que, o las estructuras actuales (como los gobiernos y todo tipo de organizaciones) se adaptan, o esta tecnología les va a pasar por encima. Según él, el mundo está cambiando y, entre otras tecnologías innovadoras más, blockchain favorece este cambio.

Además, este mundo más abierto y transparente también está yendo hacia la hibridación. Cada vez importa más la identidad de las pequeñas comunidades, cada vez importa más la diversidad, y eso exige descentralizar y, por otra parte, eliminar los silos verticales de especialización y de decisión.

Así que es el mundo el que está cambiando, y la tecnología lo hará posible, no al revés. No es que blockchain vaya a cambiar el mundo.

Estamos ante un cambio de paradigma. El think out of the box, pensar fuera de la caja, ya no es suficiente, ahora vivimos fuera de la caja, casi desde fuera del sistema. Vamos hacia el sharing, hacia el open source, hacia compartirlo todo y a dar soluciones híbridas y globales a los retos globales actuales. A trabajar por proyectos, de manera más nómada, o no. Y eso blockchain lo permite, aunque habrá que buscar fórmulas para este mundo tan diferente.

Miguel nos cuenta una anécdota reciente. Este mismo verano conoció a un joven alemán de veinte y pocos años, que vive en un coche desde hace tres, con su hamaca, su chubasquero y poco más. Trabaja en remoto como coach deportivo, en sus ratos libres toca música blues, y se dedica a vivir por el mundo. Esto ilustra que la vida está cambiando: movilidad, conectividad, soberanía y vivir en "tiempo real". Y la tecnología se adapta a lo que es, que es que tu vida cambia cada día.

Eso sí, hay que tener en cuenta el mundo hacia el que vamos, pero también el mundo en el que vivimos hoy, que no está tan preparado para todo este cambio, aunque la tecnología ya lo permita. Él cometió un error relacionado con esto.

Durante la pandemia, colaboró en un equipo que, en solo dos meses, desarrolló y testó un sistema de cribado y prediagnóstico para el COVID, basado en blockchain e inteligencia artificial, que daba resultado en 5-10 minutos e incluso te buscaba el hospital más cercano con UCIs libres, en los momentos del colapso sanitario. El producto estaba listo para ayudar y ya se habían realizado pruebas reales en la población, pero lo presentaron a la sanidad pública y no encajó, entre otras cosas, porque la información médica de cada paciente estaba en un wallet que solo él poseía. Está claro que esto no va solo de tecnología, va de un cambio de paradigma. Y detrás de blockchain y en este caso concreto, su descentralización, hay cambios profundos que algunas organizaciones y empresas no están dispuestas a aceptar, al menos por ahora.

Así que Miguel, que se considera un visionario, ha llegado a los sitios, y a ciertos retos, demasiado pronto. Y ha aprendido tanto a base de equivocaciones que, según dice, tiene un máster en errores. Y le hubiera gustado que, cuando él descubrió que blockchain era la clave, hubiesen existido ya la infraestructura, las personas y la tecnología necesarias.

Que si blockchain fuera un vino hubiera sido ya un reserva, y no un crianza. Que el sistema hubiera sido menos resistente al cambio (por eso cree que el, mal llamado, tercer mundo es el mercado con más potencial para innovar). Y que la nueva generación hubiéramos nacido un poco antes y educada, no deseducada con la educación actual. Pero sabe que pide mucho. Sabe que eso forma parte del desarrollo, que no hay atajos posibles. Y admite que el mundo tiene que ser imperfecto para que tengamos trabajo con el reto de mejorarlo.

Al menos, haber luchado tanto, a él le da ahora la capacidad de mentorizar, y de compartir su conocimiento y experiencia como emprendedor, no desde la parte tecnológica, sino desde la organización del negocio. Asesora algunos proyectos Web3, y los consejos que nos comparte son dos: que este mundo te exige una curiosidad permanente y una formación continua para mantenerte al día.

Porque necesitarás saber cosas que en una carrera no te enseñan (y cuyo conocimiento caducará en un máximo de tres años), porque las vas a tener que usar para vivir y así desarrollar una inquietud social especial. La necesitarás, y el mundo también.

A Miguel le hubiera gustado nacer en los 2000 para poder vivir más profunda e intensamente todo esto, desde el origen. Si tú eres de esa generación, que sepas que te envidia un poco. Le hubiera gustado ser ese alemán nómada, trabajador y libre. Se está incluso planteando coger una furgoneta camperizada y recorrer el mundo, mientras trabaja en sus proyectos. O vivir en un barco. Lo único que no se ve es como un jubilado, retirado de la vida real y cotidiana.

Miguel, espero que lo hagas. Y que me cuentes qué tal. Gracias por tu visión.

WORKSHOP TIME

Te toca. Ahora aplícalo tú.

Recuperemos el trabajo de los workshops anteriores.

Reflexiona bien qué significarán esos tokens para tu comunidad. Qué diría de alguien tenerlos. Si serían un activo que querrían enseñar, qué valores representarían, y cómo estarían ligados a su identidad.

Dale una vuelta también al concepto de DAO, ¿tu proyecto podría dirigirse descentralizadamente? ¿O centralizarías el poder en ti, o en el equipo promotor? Piensa en ventajas e inconvenientes, o qué podrías hacer para parecerte a una DAO, aunque no lo seas del todo. Cómo compartirías el poder para beneficiar a la comunidad y al proyecto.

Y, tarea extra patrocinada por Miguel, explora esa curiosidad, esa inquietud social y empieza a desarrollarla.

7. MARKETING

También está cambiando

Vamos a profundizar un poco más en este capítulo sobre cómo sacar nuestro proyecto al mercado y cómo conseguir construir esa comunidad de la que hablamos y que es el pilar de Web3. Cómo seguir poniéndola, aquí en el marketing, en el centro de verdad.

No entraremos a explicar los conceptos básicos del marketing, ni entraremos en detalle sobre qué acciones realizar, ni en qué canales. Después de estas páginas no lo sabrás todo sobre marketing en Web3, igual que no hemos salido del capítulo de tecnología con conocimientos técnicos. Necesitaríamos dos libros más para eso.

Pero sí vamos a ver en qué está cambiando el marketing, para adaptarse a la nueva realidad, y qué diferencias o tendencias tenemos que tener en cuenta si queremos construir proyectos en Web3.

Eso sí, igual que hay cosas que cambian, hay otras que no. Lo veremos sobre todo en comunicación, que por algo tiene como título back to basics, pero en este caso el marketing, ya sea Web2 o Web3, siempre tiene que ir primero. Validar (antes de construir) con el propio mercado, es vital para la supervivencia del proyecto.

Esto no va de lanzar una gran campaña y que empiecen a llover las ventas. Al empezar un negocio o proyecto, sobre todo si es innovador, la experimentación y la agilidad toman un papel muy relevante. Es importante hacer pequeñas pruebas, diversificar canales e invertir pocos recursos, no solo en dinero invertido en publicidad, sino también en equipo, hasta que validemos que nuestro producto tiene acogida y encontremos las fórmulas que nos funcionan. Entonces sí podemos escalar.

Seguro que esto te suena, porque esta forma de pensar no es nueva ni se ha inventado en Web3. En startups y proyectos Web2 también funciona. Que Web3 traiga novedades, no significa que todo lo anterior muera, sino que es necesario encontrar un equilibrio. La validación es uno de los aprendizajes que podemos trasladar, aunque hay otras cosas que sí cambiarán, y están cambiando.

Con la llegada de la Web3, como hemos visto, el tratamiento y la posesión de los datos cambia, por lo que muchos modelos de negocio basados en la venta de datos tendrán que cambiar, y el comportamiento de las personas usuarias también lo hará. A los departamentos de marketing se les abre una nueva posibilidad para huir de las grandes corporaciones centralizadas que ahora controlan el mercado.

Porque hasta ahora el gran negocio está en los datos, y también en marketing dependemos de esas grandes corporaciones que dominan el mercado de los datos. Cualquier negocio Web2, por ejemplo, tiene que pasar por caja con Meta (el anterior Facebook) o Google si quiere algo de visibilidad.

Ahora, con Web3, esos datos pertenecerán cada vez más a las personas usuarias, que tendrán wallets en lugar de redes sociales, o conectarán su wallet a una para decidir qué datos comparten y cómo lo hacen. Y eso cambiará las reglas del juego.

Pasaremos de ser datos andantes a ser un poco más personas, a tener más relevancia y poder.

Y aquí entra el human marketing, un concepto de marketing más humano, cercano, de persona a persona.

Porque, pese a que cada vez intervenga más la tecnología y sea todo más automatizado, o precisamente por ello, tenemos que hacer un esfuerzo por mantener el lado humano.

Tenemos la oportunidad de impactar de forma diferente, de conocer y segmentar de forma diferente, y aquí las posibilidades son infinitas.

Veremos algunos ejemplos, pero sobre todo veremos tres premisas que deben cumplir todas las acciones que realicemos como parte de este nuevo marketing que permite la Web3.

Construir una comunidad comprometida

La comunidad, ya lo hemos visto, es de lo más importante en Web3. Por eso la premisa número uno tiene que ver con construirla de manera sana, y ponerla en el centro en todas las acciones que llevemos a cabo.

Porque una comunidad no equivale a un grupo de clientes, o de clientes potenciales. Como hemos visto, va más allá. Es un grupo de personas que tienen en común un sentido de la identidad y un propósito compartido. El público objetivo se transforma y adquiere más de un rol a la vez, ese cliente puede ser también constructor, o incluso inversor.

Por ello hay que tener en cuenta qué roles existen dentro de esa comunidad, tanto en una misma persona como en diferentes subgrupos, a la hora de crear acciones de marketing acordes. Y tener en mente también tanto sus intereses y cómo utilizan el producto o se involucran con el proyecto, como también la misión, el propósito que les une, y esos valores derivados compartidos. Si la comunidad es Web3, por ejemplo, seguramente exigirá transparencia.

Los incentivos, premiar a la comunidad por sus aportaciones, son clave en Web3, pero no lo son todo. Si construimos esa comunidad sobre recompensas superficiales, no se sostendrá a largo plazo. Nos interesa construir una comunidad que se involucre, que crea en el proyecto, que use el producto y que participe activamente, no que busque esas recompensas a corto plazo.

Así que el marketing, tanto todas las acciones que realicemos como el contenido que generemos, tendrá que ir siempre alineado con el propósito. Tener una misión y una visión compartidas son clave para generar una comunidad comprometida.

Pero, por supuesto, ese propósito, la misión y la visión del proyecto no lo son todo. Para generar comunidad, además de una propuesta de valor clara, necesitas una buena identidad de marca, un buen producto, una buena atención al cliente, creatividad y alianzas estratégicas. Influencers y líderes de opinión juegan un papel muy importante aquí, aunque esas alianzas van más allá de estos dos públicos más marketinianos. Hablaremos más sobre construir alianzas en el siguiente capítulo, el de comunicación.

Construir una comunidad no significa solo crearla, o captar miembros. La labor del marketing no acaba en ese punto. Hay que mantenerla.

Puede que hayas oído ya lo de que cuesta más captar un cliente nuevo que retener uno existente. Aquí aplica también. Necesitamos ser constantes, coherentes y conseguir llevar a la comunidad al paso del compromiso, para que ese esfuerzo hecho en captar no se pierda. Necesitamos que esa comunidad se sienta y esté involucrada.

Para ello tenemos que apostar por canales de comunicación bidireccionales, y más allá. Porque en Web3 más que nunca la comunicación no es de marca o empresa a comunidad, y viceversa. Es de comunidad a comunidad. La comunidad forma parte del proyecto, y también juega un papel relevante en el marketing, porque se construye en conjunto y puede que incluso surjan iniciativas orgánicas desde la propia comunidad.

Me guardé un ejemplo que me dio Bruno (a quien conocimos en el café del capítulo de tecnología) para este momento, porque creo que lo ilustra muy bien.

Bruno, en su proyecto, ya tuvo todo esto en cuenta incluso en la forma de desarrollarlo. Lo primero que hizo junto con su equipo fue crear una comunidad afín a una visión, con cientos de miles de miembros, antes de desarrollar nada. Y, una vez la tuvieron, construyeron en conjunto el producto, en este caso la colección de NFTs, preguntando y pidiendo feedback constantemente a esa comunidad, que se ha sentido desde el minuto uno partícipe de la creación del proyecto. Y luego ya empezaron a vender sus productos, sus NFTs, a esa base fiel de personas usuarias. ¿Funcionó? Se posicionaron en el top 3 España en la red blockchain de Polygon.

Por eso (y, apunta, que mencionaremos los canales más usados por proyectos Web3), además de redes sociales Web2 como X (el anterior Twitter) o Tiktok, blogs y contenidos como Medium, o podcasts, o eventos tanto físicos como virtuales, Telegram o Discord se unen al pack básico de herramientas de marketing. Porque permiten una comunicación mucho más horizontal, más fluida, e incluso Discord permite la implementación de un gran número de complementos Web3 para, por ejemplo, poder conectarte con tu wallet al servidor y que se te pueda asignar un rol en función de si tienes el token del proyecto en posesión.

Porque los tokens son una muy buena nueva forma de conseguir engagement, o implicación. Lo veremos ahora.

La personalización es clave

La tecnología permite cada vez más automatizar procesos y acciones de marketing, y aunque es algo positivo, sobre todo por el ahorro de tiempo, es importante invertir parte de ese tiempo en hacer que las acciones estén lo más personalizadas posible.

Los tokens nos ofrecen una muy buena oportunidad para ello porque, como hemos avanzado, son una gran herramienta de engagement o incluso pueden servir como puerta de entrada a contenidos, eventos o acciones exclusivas en función de si tienes el token o de cuántos o qué tipo de tokens tengas en tu poder. A esto se le llama token gating.

Por ejemplo, en Discord, puedes acceder a chats exclusivos para miembros, donde se comparte otro tipo de contenido, o incluso a chats o eventos VIP. La idea es que cuando conectes tu wallet todo esté personalizado y, que al haber compartido los datos, esa aplicación ya sepa todo lo que tiene que saber sobre ti para ofrecerte una experiencia única.

Aunque esta experiencia no tiene por qué quedarse solo en lo digital.

Otro ejemplo, imagina que tienes un NFT de una comunidad y asistes a un evento físico de esa comunidad. Al entrar, se detecta que tienes ese NFT en tu wallet y aparece en una pantalla, junto con una bienvenida personalizada. O incluso sale confeti de un cañón, y te entregan merchandising exclusivo. Esto no me lo estoy inventando, ya ha pasado y es una realidad. Aunque las posibilidades son infinitas.

Este otro ejemplo me lo dio Valentín (lo conocimos en el primer café, el de fundamentos), y también lo tenía guardado para este momento. Imagina conectarte a una web de venta de entradas con tu wallet, y que al recibir tus datos la página cambie automáticamente. Que, sabiendo a qué conciertos o festivales has ido, cuántas veces y en qué momentos, porque las entradas las conservas como NFTs en tu wallet y las has compartido, te recomiende repetir o probar algo nuevo, sabiendo ya tus gustos.

Esta acción tiene una probabilidad de conversión, de compra, muchísimo más alta, gracias a esos datos previos que además la persona usuaria ha decidido compartir, y no que has comprado a un tercero.

Porque los datos están ahí, y con blockchain tenemos una gran oportunidad de exprimir esos datos que nos comparten de muchas maneras que aún no se están explotando, no para vender, sino para construir una experiencia pensada en ayudar y aportar valor.

Y la personificación también es clave

Hablábamos de que la comunicación en comunidad tiene que ser bidireccional, más horizontal. Y aquí entra otro aspecto clave: la personificación de estos mensajes.

En redes sociales, ya en Web2, porque esto tampoco es nuevo, como en la red profesional Linkedin, funcionan mejor las cuentas personales que las de empresa. Porque no nos gusta hablar con empresas o entidades, nos gusta hablar con personas.

Ahora, con la comunidad en el centro, este aspecto toma mucha más relevancia aún. Si realmente queremos construir esa comunidad comprometida, vinculada emocionalmente, no lo haremos solo a través de una cuenta de empresa. Todas las personas vinculadas al proyecto forman parte de la comunidad a un nivel más personal.

De ahí la importancia de tener a un equipo detrás involucrado, con una marca personal bien construida y coherente con la del proyecto, y que dé la cara y se visibilice lo más posible. Porque si vamos hacia un proyecto más descentralizado y más transparente, es básico ser coherentes y trabajar la confianza. Lo veremos también más en detalle en comunicación.

Por ello se han hecho muy populares, por ejemplo, los AMA (siglas de ask me anything, en inglés, pregúntame lo que quieras). Son eventos, físicos o online, donde el equipo fundador o el equipo promotor responde a todas las preguntas que la comunidad tenga, y ofrece actualizaciones sobre el proyecto.

Porque Web3 es una tecnología, un nuevo Internet, pero creado precisamente para poner a las personas en el centro.

UNA PAUSA PARA EL CAFÉ: Iolanda Rubio

Vamos a tomar un café con Iolanda, una early adopter que sabe mucho de comunidades.

A ver qué nos cuenta sobre marketing, y sobre cómo aplica todo esto en su vida.

Iolanda, aunque creció en un pueblo de Lleida de 17.000 habitantes, Balaguer, en un entorno relajado y en plena naturaleza, ha sido siempre una friki de la tecnología. Una early adopter de todo lo nuevo que podía probar y practicante del learning by doing, formándose siempre sobre la marcha, mientras lo ponía en práctica.

Dejó la carrera de relaciones laborales cuando se dio cuenta de que su vocación real era la comunicación, así que decidió dar un giro a sus estudios, se sacó una diplomatura en comunicación, un postgrado en marketing digital y empezó a ponerlo en práctica, entre otras cosas, trabajando para una asociación de altos directivos. Allí entendió el poder de las comunidades y el impacto que tienen en las personas. Lo veremos más adelante. Aunque ambas pasiones, tecnología y comunicación, convergieron cuando empezó a crear contenido de tecnologías emergentes.

Así descubrió la Web3. Y, como todo lo que descubría, lo probaba, y lo comunicaba, empezó a generar contenido sobre su experiencia. Colecciones de NFTs, wallets, incluso aprendió por su cuenta solidity, un lenguaje de programación en blockchain. Para que te hagas una idea, a raíz del post que publicó sobre cómo aprendió solidity, le salieron cuatro ofertas de trabajo. Y todo eso la llevó a trabajar de CMO, de directora de marketing, en un proyecto Web3 con impacto social relacionado con la tokenización de créditos de carbono, ClimateCoin.

Lo que le hizo hacer el clic fue descubrir que Web3, más que una tecnología, es un movimiento que ha venido a cambiar cómo hacemos las cosas. A solucionar problemas que son insostenibles a día de hoy, con un modelo que permite liberar nuestra creatividad individual y que tengamos en propiedad nuestra identidad.

Aunque, tanto ella como en general (y yo me incluyo), eso nos hace cometer el error de caer en pensamientos utópicos que chocan directamente con la naturaleza de la especie humana. Con aspectos como la ambición de más, o el abuso de poder, que a veces hacen caer proyectos. Porque estos proyectos caen por las personas que hay detrás, no por la tecnología. La tecnología aquí solo es un medio, no es un fin, y sigue siendo necesario un propósito.

O, incluso, también muy humano, a veces en Web3 caemos en los mismos errores que cometimos en Web2. Repetimos la misma historia. Cuando el marketing en Web3 no tiene nada que ver con el marketing general. Aquí la comunidad y las alianzas se ponen en el centro.

Ya sea con canales nuevos o los mismos (como las redes sociales Web2), estos canales se transforman ahora en hogares donde las comunidades nacen y se dinamizan. Y no solo los canales digitales, eventos o hackatons físicos pasan a ser una extensión de lo que pasa en la dimensión digital.

Iolanda recuerda el día que en su proyecto anunciaron una

vacante de Community Builder (un perfil nuevo en marketing Web3 que surge precisamente para construir y cuidar de esa comunidad). Ese día fue el que más creció su comunidad en Discord. Muchas personas querían contribuir sin cobrar, porque estaban alineadas con el propósito, recibió currículos desde avatares, bajo nicknames, y de todo el mundo. El 70% provenían de Nigeria, y entonces se dio cuenta de que el talento ahora más que nunca es global. Que tenía que desaprender lo que le habían enseñado y desprogramar ese piloto automático que tenemos para ver las cosas desde otra perspectiva.

Y también encontrar su propio equilibrio. Porque, es curioso, pero Iolanda, aunque es muy pro tecnología y muy digital, se organiza su día a día con bolígrafo y papel, y evita las pantallas por la mañana para estar, dice, con sus propios pensamientos.

Así que su conclusión en todo esto es que muchas cosas son similares, en Web3 y en marketing, pero hemos de incorporar nuevas formas de comportamiento. Sobre todo por la importancia que toman esas comunidades y esas alianzas estratégicas como puntos centrales.

En eso Iolanda lo ha hecho bien. Ha sabido llevarse bien con todos sus stakeholders y no ha perdido el contacto con instituciones clave que, aunque no la entiendan del todo, tienen muchas ganas de aprender. Porque en Web3 acostumbramos a vivir en nuestra burbuja, y si de verdad queremos lograr ese gran impacto, debemos visitar otras burbujas, ir a la de las corporaciones, a la de las startups, a las más tradicionales. Así lograremos proyectos más sólidos a largo plazo.

También está orgullosa de haber sabido crear un departamento de marketing ligero y ágil, con el que ha podido hacer muchos experimentos para validar la adopción de mercado. Porque, aunque dispongas de capital y puedas permitirte grandes equipos o grandes inversiones, no se debe de invertir demasiado en marketing hasta que no haya una captura de valor en el horizonte. En ese momento es cuando se ha de invertir para catalizar todo el esfuerzo.

Porque ahora, que no hay casos de éxito como tal, el departamento de marketing debe ser lo más ligero posible desde el minuto uno, y disponer de profesionales navaja suiza (multi-función), con pasión por Web3, con marca personal y con predisposición a pasar gran parte de su tiempo poniéndose al día, investigando y uniéndose a comunidades.

Es lo que quizás ella ha echado más en falta. Le ha faltado sentirse más acompañada en sus problemas del día a día. Ahora han aparecido muchas más comunidades, de mujeres, de marketing, con las que puede hablar en su mismo idioma.

De hecho, tiene una idea de negocio en mente desde hace tiempo. Le gustaría crear una plataforma, tipo marketplace, donde puedas encontrar comunidades de tu interés, tanto a nivel personal como a nivel profesional. Eso iría genial para marketing, para lanzamientos o colaboraciones. Y para potenciar esas comunidades y fomentar que entraran personas nuevas.

Porque la adopción dependerá de la usabilidad general, no es algo que tenga fecha exacta. Como la inteligencia artificial, que lleva muchos años ahí, pero se ha hecho masiva cuando se ha hecho fácil, más accesible.

Eso sí, la tecnología es siempre solo una herramienta. Ante un mundo que sabemos que es global, tenemos que ir a una, con sentido común y con propósito, y sin caer en los mismos tópicos "de manual". Porque no es bueno encasillarse en una tecnología, aunque sea como esta de Web3, que es un movimiento. Hay que pensar en global.

Estoy de acuerdo, Iolanda. Gracias por compartírnoslo, nos vemos seguro en alguna comunidad.

WORKSHOP TIME

Te toca. Ahora aplícalo tú.

Vamos a preparar un plan de marketing para tu negocio Web3. O, al menos, sus bases.

Piensa cómo crearías un departamento de marketing lo más ligero posible, y de qué formas construirías comunidad y te apoyarías en ella. Qué canales usarías, qué tipo de contenido compartirías, y cómo harías que fuera bidireccional para poder recibir y usar ese feedback.

Piensa también en cómo personalizarías la experiencia para que sea lo más única posible para quien la viva, cómo usarías los tokens para generar engagement, y cómo humanizarías incluso las cosas más técnicas o automatizadas.

Y, tarea extra patrocinada por Iolanda, empieza desde ya a probar cosas. Sé early adopter como ella. Ábrete wallets, conéctate a dapps, explora, vive también la experiencia desde el otro lado.

8. COMUNICACIÓN

Back to basics

Este capítulo pretende complementar al anterior, porque aunque la comunicación y el marketing suelen ir de la mano trabajan cosas distintas.

Y lo separamos en dos porque, así como en marketing comentábamos que las cosas están cambiando, sobre todo por las oportunidades que permite la descentralización de los datos, en comunicación y relaciones públicas todo sigue igual. Por una buena razón: porque funciona.

La comunicación siempre ha sido imprescindible para construir un proyecto sólido, perdurable en el tiempo. Y, en Web3, aún más. Que todo tenga coherencia, trabajar la confianza, construir una reputación de marca y una buena relación con todos los stakeholders, no solo con tu comunidad más cerrada, es vital. Porque no solo comunica lo que decimos, también lo que hacemos, y lo que dejamos de hacer.

Así que vamos a volver a los básicos de la comunicación, lo que se ha trabajado siempre, y a adaptarlos a las necesidades de Web3.

El objetivo de la comunicación: transmitir con éxito un mensaje

Parece muy obvio, pero en muchas ocasiones es el principal problema. Ya nos lo decía Sabrina en el capítulo de adopción. En Web3 no nos entienden. El mensaje no llega, no nos entienden.

Muchas veces porque la curva de aprendizaje sigue siendo

empinada, y muchas otras, porque no nos hacemos entender. Por eso es tan importante generar contenido educacional, pero no es suficiente. No todo el mundo quiere aprender sobre Web3, ni lo necesita para usarla, nuestro reto es hacer sencillo lo complicado.

Si podemos simplificar un mensaje, dejando de lado los tecnicismos y las tecnologías que hay detrás, y nos centramos en su lugar en comunicar la propuesta de valor y el propósito, llegaremos a una audiencia mucho más amplia. Enviaremos un mensaje mucho más inclusivo, coherente con uno de los valores intrínsecos de Web3, y tangible, más enfocado en la solución que proponemos y en su utilidad.

También es importante la visualización. Si podemos complementar el mensaje con imágenes o vídeos, podemos transmitir mejor ideas más abstractas. Como lo que decíamos en el capítulo de sociedad, de que un NFT es más legible a simple vista por el hecho de estar mayoritariamente asociado a una imagen.

Porque centrar la comunicación en la innovación y la tecnología es interesante si queremos atraer a talento técnico o a inversores algo más techies, pero no es imprescindible. Hay que partir de un mensaje lo más sencillo posible y adaptarlo a la audiencia a la que nos dirijamos en cada momento.

No solo comunicamos para nuestra comunidad: la importancia de los stakeholders

Además de ser inclusivos con el lenguaje, lo tenemos que ser con los públicos y tener en cuenta a todos los stakeholders, a todos los públicos que directamente o indirectamente estarán relacionados con nuestro proyecto. Porque cuando comunicamos, no lo hacemos solamente para nuestra comunidad, sino que ese mensaje puede (y tiene) que llegar a más personas.

Lo veremos un poco más en detalle en el capítulo de negocio, pero construir una relación con stakeholders como las instituciones más tradicionales, los medios de comunicación, el gobierno o las grandes corporaciones, es importante si queremos construir un proyecto sólido y fomentar la adopción.

Porque quizás en un mundo futuro, más descentralizado, se podrá prescindir de algunos intermediarios o instituciones de las que hablamos, pero en el mundo en el que vivimos hoy siguen siendo muy relevantes, y tenemos que encontrar un punto de convivencia y de beneficio mutuo.

Dedica tiempo a construir una relación con los stakeholders que sean importantes para tu proyecto, y a buscar esas fórmulas de colaboración.

Busca esa colaboración estratégica con beneficio mutuo, enfócate en mostrar casos de uso, en el impacto social que puede tener tu proyecto, o incluso colabora en las iniciativas de innovación abierta o de investigación o consulta activas.

Por ejemplo, participa en los sandbox regulatorios, esos entornos de pruebas que comentamos en adopción y que permiten la construcción en conjunto. O incluso alíate con alguna empresa que ya tenga esas relaciones construidas y que te permita ser la vía de entrada.

Medios, reputación y más básicos a tener en cuenta

Hemos mencionado que los medios de comunicación son un stakeholder importante para cualquier negocio. Y es que la relación que establezcamos con los medios determina un gran papel hoy en día en la difusión de nuestro proyecto, en su valor, y sobre todo en la generación de reputación y de interés público.

Un ejemplo Web2, para ilustrarlo con algo más reciente y tangible. En algunas redes sociales, como Instagram, para poder acceder a la verificación de una cuenta de empresa (el check azul que aparece solo en las cuentas verificadas) te piden, además de la documentación acreditativa correspondiente, algunos enlaces importantes de artículos o medios sociales en los que aparezcas, como prueba de que eres de interés público y de que vale la pena otorgarte esa verificación. Si no, simplemente no te la conceden.

Por eso es importante construir una relación con los medios desde el principio, con periodistas y personas del sector, para generar esa confianza. Céntrate en el contenido que les pueda aportar valor, que pueda contribuir a formar y a fomentar la adopción, envíales actualizaciones relevantes sobre el proyecto, que sean noticiables, y, de nuevo, da la cara como equipo fundador. No solo con los medios.

Asiste a todos los eventos, networkings y conferencias que sean relevantes en el momento en el que te encuentres. Ya sea como ponente o simplemente como asistente, estos eventos son una gran oportunidad para establecer contactos. Podrías conocer a personas tan interesantes como Valentín o como cualquiera de las que hemos conocido en el café de cada capítulo. Si te fijas, todas han coincidido en la importancia de los eventos.

Y, dentro del plano digital, cuida de tu reputación. Monitorea activamente lo que se dice sobre tu proyecto en

Internet (en los principales buscadores puedes configurar alertas para ello), y responde. A comentarios, reseñas, preguntas en un AMA o mensajes de cualquier tipo. Tanto si son negativos como positivos, pero sobre todo a los negativos.

A veces es inevitable, y sobre todo conforme consigues más alcance y una cierta relevancia, recibir comentarios negativos. Lo importante es dar la cara, siempre, y tener un plan de gestión de crisis para estos casos. Hay muchos proyectos en Web3, donde cuesta labrarse una confianza, que han fracasado por no saber gestionar una crisis de reputación.

Actuar en estos casos, rápidamente, de manera honesta y transparente, puede convertir una crisis en una oportunidad.

UNA PAUSA PARA EL CAFÉ: Claudia Giraldo

Vamos a tomar un café con Claudia, una referente en comunicación y en Web3.

A ver qué nos cuenta sobre comunicación, y sobre cómo aplica todo esto en su vida.

Claudia, aunque nació en Suiza, es de padre y madre españoles y vive en Barcelona. Lleva más de 15 años en comunicación y relaciones públicas, sobre todo para clientes tecnológicos. Así se interesó por la innovación en tecnología, e incluso empezó a montar sus propios negocios. Entre ellos, una agencia propia de relaciones públicas para startups y empresas innovadoras. De hecho, Claudia es una referente para mí, fue una de las primeras mujeres emprendedoras que conocí cuando yo empecé a emprender.

Aunque ahora tiene otro negocio Web3. Todo empezó cuando conoció sobre blockchain a través de un cliente, cuando aún no se hablaba de Web3 porque, como ya hemos visto, es un término relativamente nuevo, que se ha acuñado para referirse al nuevo Internet. Para ella este Internet es un Internet más social, que incluye la propiedad digital y es más descentralizado, sí, pero si somos puristas, la total descentralización no existe porque es imposible, así que en realidad trata sobre ir dando más poder a quienes contribuyan.

Con un par de amigos socios, pensaron en cómo trasladar un índice del mundo financiero tradicional al mundo de los criptoactivos. Sabían sobre ello, y quisieron aplicar esas prácticas financieras tradicionales a los activos digitales, así que hicieron una prueba, levantaron interés y eso se acabó convirtiendo en una startup que ha levantado inversión y sigue en marcha y en constante construcción, CommonSense.

Pero al ser un negocio wealth tech, sus clientes no son las próximas generaciones. Son personas de más de 35 años, que no usan Discord, ni memes. Su misión es introducir al perfil tradicional en Web3, sobretodo a todos esos activos digitales que cada vez cobran más valor, y lo hacen con una aproximación no tan tecnológica, no tan Web3.

Así que Claudia no está todo el día en eventos regalando camisetas de NFTs. Aunque tiene un negocio Web3 está en marketing, comunicación y negocio, pero desde lo tradicional y lo racional. Con muchas reuniones enfocadas a generar negocio o aprender de otras personas en Web3 y encontrar sinergias.

Al pensar en Web3 nos imaginamos una comunicación muy digital, en el metaverso, pero la realidad es que es todo mucho más híbrido que eso. Se podría decir que hay un 50% de la comunicación que sigue siendo Web2. Porque aunque Web3 haya permitido la capa online de verdad de Internet, con la aparición por ejemplo de canales más bidireccionales, más abiertos, y dejando opinar más, se siguen haciendo muchos eventos presenciales. Porque funciona. En comunicación se sigue haciendo lo mismo porque sigue funcionando, por una cuestión antropológica de que, como seres humanos, tenemos que relacionarnos.

De hecho, ella misma ha estado en fiestas con fundadores de proyectos Web3 tan grandes como Uniswap o Polkadot. Recordándolo se siente como si hubiera coincidido en los noventa con Bill Gates, Steve Jobs y demás personas del momento. Como lleva bastante tiempo en Web3, se ha relacionado con las personas que la han construido. Ha podido ver el germen, y eso, dice, mola.

Lo físico permite también trabajar la confianza. Para las relaciones públicas de su negocio, organiza comidas privadas en petit comité, con menos de 10 personas, precisamente para eso. Y lo considera importante porque, a ella misma, por ejemplo, le han propuesto en alguna ocasión unirse a proyectos Web3 y finalmente lo ha rechazado porque no lo veía claro, porque no habían trabajado esa confianza.

La narrativa también juega un papel muy importante aquí. Cómo comunicamos las cosas, qué decimos o qué palabras usamos. Por ejemplo, antes se usaba mucho la palabra "cripto", y ahora se evita, porque con el paso del tiempo ha adoptado una connotación negativa, sobretodo porque ha habido mucho ruido negativo en los medios de comunicación.

En este tiempo ha aprendido que hay que saber elegir muy bien en qué inviertes el tiempo y con qué compañías. Aunque su mayor acierto ha sido apostar por la parte humana, tanto con sus socios, como con sus inversores, como con su equipo. También es importante pasárselo bien.

Claudia dice que al emprender ha cometido muchísimos más errores que aciertos, que por cada 100 errores te sale un acierto. Montó su primera empresa con 30 años, y aunque no se arrepiente, porque esos años de experiencia le han servido y mucho, piensa que tendría que haber sido más valiente y haberse lanzado antes.

Si pudiera comunicarse con la Claudia que empezaba, le diría que se preocupara más por entender las finanzas, porque el oxígeno de una empresa es el dinero, es lo que te hará ser rentable, y hay que saber gestionarlo bien. Y, sobre todo en Web3, que aprendiera programación. No para ser desarrolladora, sino para entender la lógica detrás de los procesos básicos de programación. Suspendía en matemáticas, y en el resto sacaba todo excelentes, y es algo que tiene clavado.

Y, el consejo que te daría a ti empezando ahora: es importante identificar y acercarse a profesionales del sector que sí estén haciendo cosas. No te dejes vislumbrar por personas oportunistas, que dicen que ganan mucho dinero con esto, y que solo comunican éxito.

Porque en comunicación no todo vale. Hay personas que, dice Claudia, que venderían hasta a su abuela por crear una comunidad. Así que no prometas cosas que no puedas cumplir, o que no sean honestas. Entiende los básicos de la comunicación, fórmate, lee, haz un curso, y sobre todo fíjate en proyectos que te gusten.

Ella mientras tanto seguirá construyendo para convertir su proyecto en una empresa que funcione, que crezca y que le deje tiempo para otras cosas. Quizás para ese nuevo proyecto relacionado con la música electrónica, o con la fotografía, que le gustaría trabajar algún día. Eso de explorar su parte artística en lo profesional, también lo tiene algo clavado.

Claudia, me encantaría ver ese lado artista tuyo algún día. Gracias por inspirarme, espero que tu proyecto sea un gran acierto.

WORKSHOP TIME

Te toca. Ahora aplícalo tú.

Toca preparar un plan de comunicación para tu proyecto. O, como hicimos en el anterior workshop, el de marketing, establecer sus bases.

Piensa cómo vas a comunicar, para hacerlo de la manera más sencilla, inclusiva y efectiva posible, sin centrarte en la tecnología, sino en lo que realmente le importa al público receptor. Qué valores vas a representar, qué palabras vas a usar y qué palabras vas a evitar.

Piensa también en para quién vas a comunicar. Haz una lista de los stakeholders más relevantes para tu negocio, con los que podrías establecer una relación estratégica, incluidos los medios de comunicación.

Y, tarea extra patrocinada por Claudia, estudia lo que hacen otros proyectos que te transmitan confianza. Revisa sus webs, lee sus notas de prensa, ve a sus eventos, apúntate a sus newsletter... y fíjate en cómo comunican.

9. NEGOCIO

Aprovechar la oportunidad

Ya lo hemos ido viendo. A estas alturas, entendemos que Web3 es una innovación, una revolución, y te habrás dado cuenta de que trae muchas oportunidades profesionales y de negocio.

Sobre todo ahora, cuando está todo prácticamente por construir, y aprovechando que las barreras de entrada para construir aquí son más bajas.

En este capítulo trataremos Web3 desde una perspectiva de negocio, y veremos algunas oportunidades que se nos presentan y cómo aprovecharlas.

Porque no es lo mismo montar un proyecto por diversión, por aprender, como un reto para crecer personalmente, que realmente convertirlo en un negocio, con un modelo rentable y del que podamos vivir. Si queremos construir un negocio, debemos tener en cuenta unas bases, ya desde el planteamiento, que determinarán en gran medida sus posibilidades de éxito.

Estas bases a tener en cuenta para construir son tres: que exista un problema, que tengamos una idea para solucionarlo, y cómo ejecutamos esa idea para hacerla realidad.

Y deben seguir ese orden. No podemos encontrar una solución sin problema, ni podemos ejecutar sin solución. Parece obvio, pero ejecutar sin pensar es más común de lo que crees.

Porque, sobre todo en Web3, pero también en cualquier otro sector, si queremos construir un negocio tenemos que buscar primero qué problemáticas existen a día de hoy, tratar de conseguir una solución ideal para uno de esos problemas y luego invertir el tiempo y los recursos necesarios en ejecutarla. Veremos qué recursos se necesitan.

Paso 1: detectar un problema

Para que exista un negocio tiene que existir antes un problema que resolver. Una necesidad en el mercado que podamos cubrir y por la que las personas estarían dispuestas a colaborar o incluso a pagar. Un problema que, más que un problema, sea un dolor. Que necesite ser aliviado con, contra más urgencia mejor.

Normalmente, estos problemas se detectan porque tú personalmente, o alguien que conozcas bien, los habéis sufrido, o bien porque perteneces a ese sector profesional y te lo has encontrado.

En Web3, por ejemplo, hemos visto que la descentralización o la tokenización son grandes oportunidades, pero debemos encontrar esos problemas para validar que realmente aplicarlas tenga sentido en un contexto determinado.

Algunos de los problemas que Web3 podría resolver, como ideas generales, son:

- La ineficiencia en algunos procesos

- La falta de transparencia o de confianza

- La existencia de intermediarios ineficientes

- La poca trazabilidad, transparencia o velocidad de algunas transacciones

Si encontramos una aplicación concreta, en un sector concreto, para resolver ese problema que afecta a un público concreto, tenemos mucho construido.

Veremos ejemplos de aplicaciones presentes y futuras en los dos siguientes capítulos, y nuestra invitada al café también tiene alguno que contar, pero pongamos ahora un ejemplo de problema que se podría resolver con Web3, para ilustrarlo.

Imagina que vas de viaje a otro país que no es el tuyo, tienes un accidente y te llevan a un hospital. Ese hospital no tiene tu historial médico, no sabe a qué medicinas tienes alergia o si tienes alguna patología previa, ni manera de comprobarlo aunque tú les informes, porque está centralizado en tu país de origen. En este caso, tienes un problema e importante, porque afecta a tu salud y, por extensión, a la salud de todas las personas que viajen.

O, incluso, no tiene por qué ser un problema que Web3 o blockchain resuelvan. La propia Web3 también tiene problemas aún por resolver. Como, por ejemplo, en ciberseguridad.

Porque, como hemos visto anteriormente, la descentralización tiene muchas ventajas a nivel teórico, pero a nivel práctico aún no es posible tener algo 100% descentralizado y 100% seguro. En muchos casos, se tiene que perder seguridad para ganar descentralización, y viceversa. A nivel de desarrollo queda mucho por trabajar en ciberseguridad en Web3.

Paso 2: tener una solución para ese problema

Una vez tenemos identificado el problema, tenemos que dar

con la solución ideal, que resuelva ese problema de la manera más eficiente posible y que ofrezca una ventaja competitiva.

Para encontrarla, tenemos que pensar en qué podemos hacer para ayudar. Sirve, por ejemplo, pensar en cómo solucionarle ese problema a una persona o empresa en concreto, y luego escalar esa solución hasta encontrar algo más global.

Aunque es importante centrarnos en solucionar un solo problema. Querer solucionar muchos problemas a la vez suele acabar en no resolver ninguno bien.

Y plantearnos si realmente Web3 aporta valor en esta solución. Porque, aunque casi todo se pueda tokenizar, hacerlo no siempre implica que aporte un valor extra. Recuperando lo que comentábamos en fundamentos acerca de las dapps, añadir esa "d" delante tiene que tener un sentido y aportar una utilidad real.

Hay muchos proyectos Web3 donde se ha aplicado blockchain, por ejemplo, o se ha añadido la capa de descentralización, o tokens, donde no era necesario. E incluso a veces eso ha entorpecido el propio propósito.

Es importante validar que Web3, blockchain o cualquier tecnología innovadora agregue realmente una ventaja competitiva, y si es realmente necesaria para resolver ese problema. Porque si no, sencillamente es más fácil desarrollar con otras tecnologías ya existentes.

Y, si decidimos incorporar Web3 a la solución, tampoco tiene por qué ser en su totalidad. Podemos, y debemos, centrarnos solo en las partes donde aporta más valor. A veces incluso hay que buscar soluciones tecnológicas híbridas, que aúnen lo tradicional con lo innovador, o lo público con lo privado, como vimos con los tipos de blockchain.

Por ejemplo, recuperando el proyecto de la ONG tokenizada, podemos usar blockchain para hacer más transparentes y trazables algunas transacciones, como las donaciones o su destino final, pero no hace falta que todas las transacciones de la organización pasen por blockchain y tengamos que pagar gas por ellas, como las de la operativa más interna. Quizás hay algunas partes que vale la pena mantener centralizadas porque realmente no aporta valor descentralizarlas, y está bien. Hay que valorar en cada caso lo que sea más eficiente.

Aunque hay otro factor que determina si una solución es ideal y que debemos tener en cuenta, y es no perjudicar a nadie por el camino.

En Web3 es fácil caer en competir directamente con grandes corporaciones, grandes instituciones, o incluso gobiernos, pero a día de hoy difícilmente saldrá adelante un proyecto que vaya en contra de alguno de los stakeholders, o incluso grandes empresas de competencia directa, que están en el poder. Como vimos en el capítulo de comunicación, es más viable centrarse en construir sinergias y valor en conjunto.

Volviendo al ejemplo del problema del historial médico, habría que validar si tokenizarlo realmente aporta valor y, una vez validado, si quisiéramos llevarlo a la sanidad pública, ir de la mano del organismo competente que lo esté gestionando para desarrollarlo en conjunto o, si fuéramos a la sanidad privada, construir sinergias con las principales corporaciones.

Si fuéramos por libre, podría pasar como con el proyecto de cribado del COVID de Miguel, que vimos en el capítulo de sociedad, que era muy potente, estaba incluso desarrollado en su totalidad, pero nunca pudo ver la luz. Seguramente por un exceso de enamoramiento con el propio producto y, aunque saliera en el momento apropiado y resolviera un dolor (porque había efectivamente una urgencia, en plena crisis sanitaria), seguramente también por una cierta falta de visión estratégica.

Para realmente convertir un proyecto Web3 en un negocio rentable necesitamos poner más en valor esas sinergias o, al menos, la aprobación de los organismos de poder, a día de hoy.

Paso 3: ejecutar, quién, para quién y cómo

Teniendo un problema detectado, y una solución clara, "solo" nos falta ejecutarla. Solo entre comillas porque realmente es el punto más importante. Las ideas, sin una buena ejecución, no valen absolutamente nada.

Por ello es importante saber qué recursos o requisitos son necesarios para poder ejecutar cualquier idea, y más en Web3, y si realmente los podemos asumir. No entraremos en todo, de nuevo, pero nos centraremos en algunos de los más vitales.

Porque podemos tender a pensar que el principal recurso necesario es el dinero. Y aunque sí es importante contar con la financiación necesaria para desarrollar esa idea, no lo es todo.

Para construir en Web3 se necesita, como recurso más importante, equipo y, sobre todo, talento. Personas que estén preparadas para asumir ese desarrollo y ese cambio de paradigma, no solo a nivel técnico, sino a nivel global.

Si emprendes un negocio Web3 desde cero, tienes que preguntarte si tú eres la persona más indicada para llevarlo a cabo. Qué background profesional tienes, qué se te da bien y dónde puedes aportar valor. Que tengas la capacidad de absorber gran parte de esa ejecución.

O lo mismo si adoptamos una solución Web3 en una empresa ya existente, por ejemplo, los pagos a través de wallet, o con tokens. No basta con subcontratar la parte técnica, o la de marketing. Departamentos como el de atención al cliente, o el de contabilidad y finanzas, necesitarán esa preparación para poder hacer su trabajo.

Teniendo a un equipo capacitado y suficiente, que cubra todas las funciones necesarias, ya puedes construir. Pero no para ti, para tu comunidad. Tenerla en cuenta en la ejecución es vital.

La solución tiene que ser útil para las personas usuarias, para convertirlas en clientes, y tiene que ser usable para ellas. Porque no todo el mundo quiere aprender, hay que ponerlo lo más fácil posible. Aquí entra el concepto de Web2.5 que comentábamos en el capítulo de adopción. Escuchar a tu comunidad, solucionarles el problema de la manera más sencilla y rápida posible, e involucrarla.

Construir empresas mediante esa cocreación de valor, en conjunto, es adaptarse a la realidad actual. Porque compartir el valor no es ceder poder, sino multiplicarlo. Vamos hacia un mundo más horizontal, donde la construcción en abierto, poder construir en conjunto y encima o basándote en otros desarrollos ya existentes, te da una gran ventaja competitiva, al menos en el momento de adopción en el que nos encontramos, al reducir las barreras de entrada.

Hay que desaprender parte de lo aprendido para poder construir en Web3 y aprovechar la oportunidad de haber llegado pronto. Las nuevas generaciones, por ejemplo, se moverán en tribus, en comunidades, y por incentivos. Y esta manera de ejecutar se les acerca más.

Por eso es necesario construir modelos de negocio ágiles, que tengan la capacidad de evolucionar y adaptarse a las nuevas realidades, tanto a la actual como a las futuras, y a la innovación tecnológica correspondiente.

El mundo cada vez va más rápido, tenemos que aprender a seguirle el ritmo.

UNA PAUSA PARA EL CAFÉ: Casandra Vicente

Vamos a tomar un café con Casandra, una gran emprendedora con un negocio Web2 que ahora es Web3.

A ver qué nos cuenta sobre negocios, incluido el suyo, y sobre cómo aplica todo esto en su vida.

Casandra nació en un pueblo pequeño de los Pirineos, aunque ha pasado por Dublín, Barcelona, y ahora por la Web3. Según ella, ha llegado aquí por casualidad. Aunque yo no lo creo.

Es una de esas personas que van siempre por delante, de las que se autoexige ponerse al día incluso antes de que algo se empiece a llevar. Y cuando descubrió esta versión mejorada, casi ideal, de lo que es Internet ahora, pero más justo, más transparente, más seguro, donde todo el mundo puede aportar opinión y trabajo para convertirlo en aquello que queremos que sea, no dudó.

En ese momento, ella ya tenía un negocio Web2, Oshun, una plataforma de reservas de servicios de tatuaje, con la misión de digitalizar la industria. Buscaba constantemente nuevas formas de ayudar a los artistas. Así que le vio todo el sentido. Mediante blockchain y Web3 cualquier artista podía registrar su obra digital, para no perderle el rastro, ni los futuros beneficios, y certificar su autenticidad. Sería ir en contra de su propia misión no apostar por ello. Así que incorporaron Web3.

Ahora, mediante colecciones de NFTs, digitalizan los tatuajes y permiten que tanto personas creadoras como también marcas puedan trazar y monetizar sus diseños, y certificar su autenticidad. Es aplicable tanto a una tatuadora emergente que saca una colección flash propia, como a un club de fútbol, o cualquier marca registrada, como Marvel, que ahora pueden lanzar una colección oficial de tatuajes.

Y aunque, según Casandra, cada día comete mil errores (y es que está todo en construcción), esto ha sido un gran acierto para su negocio. Ya tiene acuerdos muy interesantes encima de la mesa, con marcas muy potentes, además de con su red de artistas del tatuaje, a quienes además forma para que puedan estar al día como ella.

Porque el sector del tatuaje es muy diferente a los demás sectores artísticos. En este caso tú eres el lienzo, y el arte puede variar en función de tu piel, e incluso en ocasiones se tiene que modificar para adaptarlo a ti.

O, por ejemplo, aunque las marcas piensen en lanzar sus colecciones a color, la realidad en España es que el 80% de tatuajes realizados son en blanco y negro. En su negocio se tienen todas esas consideraciones en cuenta, aportando esa capa de valor no solo a nivel tecnológico sino de experiencia.

En lo que lo ha hecho bien es en lo más importante: en intentar entender, lo primero de todo, si Web3 era para su negocio. No todo por ser Web3 es mejor, hay que analizar si aporta valor y si es interesante para su público. En este caso, para su público sí tenia sentido, por eso decidió meterse. Y por eso vale la pena innovar. Porque, cuando piensas que tu producto no puede ser mejor, resulta que sí.

Eso sí, al principio al investigar sobre Web3 no entendió nada. Y es que nadie entiende nada. Le hubiera gustado que hubiera existido más material, más ordenado, más fácil. Lo veíamos en adopción, y no es la primera que lo menciona.

Te puedes llegar a sentir muy pequeña cuando empiezas, pero más tarde te acabas dando cuenta de que nadie sabe tanto como tú creías que sabe. Porque, también lo vimos, no hace falta saber de todo, entender todos los conceptos, ni hacerlo de golpe. Si algo no lo sabes, pero no aplica a tu día a día, está bien. Estamos en una fase educacional. Ahora, cuando le escriben "TFT", en lugar de NFT, o "dopechain", en lugar de blockchain, en un email, lo ve en perspectiva.

Casandra compara Instagram con la primera revolución industrial, ya muriendo, y es que el sector va tan rápido que no podemos prever cómo será en 2030 (aunque lo intentaremos en el capítulo de futuro). Porque, ¿por qué nos imaginamos, y construimos actualmente, el metaverso como si fuera una copia exacta digital del mundo real? Con casas, con calles llenas de tiendas, con coches que no vuelan... Es como jugar a las casitas de muñecas cuando tienes la oportunidad de crear algo desde cero de verdad.

Ella lo tiene claro. Si tuviera que montar otro negocio diferente en Web3 apostaría por resolver el problema de la certificación en el sector del lujo. Ahora, al comprar un artículo de lujo, por ejemplo, un bolso, te entregan un certificado en papel. Y Casandra pierde todos los recibos, así que para ella es más problema aún. Si este bolso estuviera atado a un NFT que te aportara una certificación digital de autenticidad del producto físico, se podría demostrar que no es una falsificación o incluso que realmente te pertenece, o que está en garantía.

Aunque no hace falta quedarse en el lujo. Puede ser aplicable a cualquier producto de valor. Desde un ordenador o un teléfono móvil que quieras vender o comprar de segunda mano, con un valor más tangible, hasta un ramo de flores del que quieras presumir, algo más social.

Todo lo físico podría llegar a tener una representación en NFT, también para que podamos tener una identidad virtual formada, más allá de las tres fotos que colgamos en una red social. Y es que ya lo hemos ido viendo a lo largo de estos capítulos. Las oportunidades están ahí.

Casandra, gracias por existir. Eres una gran emprendedora, y aún mejor persona, lo certifico.

WORKSHOP TIME

Te toca. Ahora aplícalo tú.

Llega la hora de la verdad.

Vamos a comprobar si el proyecto en el que hemos estado trabajando tiene madera de negocio.

Identifica el problema que solucionas, y valida que sea relevante y que existan personas dispuestas a pagarte por resolverlo. Que sostenga un modelo de negocio rentable.

Piensa en la solución que vas a ofrecer, y en si realmente es la ideal o se podría simplificar.

Piensa también en cómo vas a ejecutar esa solución ideal, por qué eres tú la persona indicada para ello, para quién la vas a ejecutar y con qué recursos vas a contar. Recuerda, no solo es cuestión de capital.

Y, tarea extra patrocinada por Casandra, piensa fuera de lo humano. No dupliques problemas y soluciones Web2 simplemente añadiendo la capa Web3. La oportunidad es mayor que eso, está todo por construir, y en abierto.

10. PRESENTE

Aplicaciones de hoy

Pese a que no estamos aún en el momento de adopción masiva de la Web3, si recordamos el capítulo de adopción, estos últimos años han sido los de la construcción por excelencia, y eso implica que a día de hoy ya se están haciendo muchas cosas en distintos sectores, y tamaños.

Así que, aunque ya hemos visto algunos ejemplos por el camino (los más interesantes los vamos a recuperar), vamos a dedicar este capítulo a las aplicaciones que hoy en día ya están en marcha, funcionando y solucionando problemas reales, aplicando Web3.

Proyectos Web3 con utilidad real en la vida diaria

Arte

Seguramente una de las aplicaciones más conocidas la encontramos en el mundo del arte, con los NFT. Lo acabamos de ver en el anterior capítulo con Oshun y Casandra en el sector del tatuaje, pero seguro que habías visto antes alguna colección de NFTs como piezas artísticas.

Y es que cualquier tipo de artista, gracias a la tecnología blockchain, ya pueden tokenizar sus obras, convertirlas en NFTs y otorgarles así una capa mayor de autenticidad y propiedad, además de poder obtener regalías cada vez que se revendan en el mercado secundario, pues queda todo registrado en el código.

Pero no nos quedemos aquí.

Siguiendo en el arte, en concreto en el séptimo, volvemos a BullRun, la primera película tokenizada de la historia en la que participó Javi. Consiguieron financiar su producción íntegramente mediante la compra de tokens del proyecto, y, como curiosidad que no habíamos mencionado, una de las utilidades para quienes tenían en propiedad una mayoría de dichos tokens, era poder aparecer en la propia película.

O a Sabrina, del café del capítulo de adopción, que participó desde el otro lado, el de la comunidad, comprando un NFT para patrocinar la serie animada de los gatitos y la marihuana.

Videojuegos

En el sector del gaming, que los assets (personajes, armas, skins, moneda virtual, o cualquier recurso que se use en el juego) sean tuyos, ya es una realidad. A día de hoy ya hay juegos en los que puedes usar, e incluso ganar, activos digitales al jugar, lo que se denomina play to earn.

Yo misma, de hecho, participé en un proyecto de videojuego RPG free to play, con modelo de juego gratuito, donde podías conseguir personajes NFT únicos y convertirlos en protagonistas de la historia con tus logros.

Y Javi, si lo recuerdas, también está en el sector con su publisher de videojuegos Web2.5, y tiene un videojuego activo, CyberTitans. En su momento comentamos que tenía ese acercamiento Web2.5, pero no entramos en detalle porque no habíamos visto aún algunos conceptos. Ahora sí os puedo contar, por ejemplo, que en su juego te puedes crear una wallet automáticamente, que se activa con un clic y además no tienes que pagar el gas por las transacciones, lo pagan ellos por ti para evitar al máximo barreras de entrada.

Finanzas descentralizadas (defi)

La aplicación en las finanzas probablemente sea la más conocida, junto con el arte o el gaming, y es que las posibilidades de prescindir de intermediarios como los bancos y tener en propiedad real tu propio dinero son infinitas.

Lo vimos con Valentín en el capítulo de fundamentos. En su fondo de inversión, Belobaba, por ejemplo, tokenizan el dinero, de manera que con esos tokens pueden acceder a un mercado operativo 24/7, con la capa de libertad que eso supone, para convertirlo en un activo.

En el mundo de la inversión también está abriendo puertas. Proyectos como CommonSense, el de Claudia, a quien conocimos en el café de comunicación, permiten que puedas invertir en los principales tokens como se invierte en los índices tradicionales.

Y, como en el ejemplo que vimos en el capítulo de fundamentos, ya existen proyectos que tokenizan inmuebles o incluso energía para que sea más accesible invertir, desde tickets más pequeños y con más liquidez.

Iolanda nos contó en el capítulo de marketing que trabaja en ClimateCoin, un proyecto con impacto social donde tokenizan créditos de carbono. También es un ejemplo con el que invertir en proyectos sostenibles y participar más activamente en la lucha contra el cambio climático.

Consumo

En el sector del consumo, en nuestro día a día, la tokenización también tiene cada vez más peso, aunque no siempre lo veamos.

Un ejemplo visible. En el mundo del fitness, ya hay

aplicaciones con las que ganas tokens por caminar, o incluso en algunos gimnasios te recompensan con tokens por entrenar, en función de tus resultados, y los puedes usar para acceder a productos exclusivos, mejorar esos entrenos o sacar rendimiento sobre ellos. Sí, gracias a la Web3 te "pagan" por ir al gimnasio.

O, un ejemplo no tan visible, pero también ya en marcha. Puede que la próxima entrada para un evento o concierto que compres sea un NFT, y ni siquiera lo sepas. Y es que grandes festivales ya están aplicando la tokenización al ticketing. Aunque para ti funcione como una entrada normal, al tokenizarla se evitan las posibles falsificaciones o ventas de entradas duplicadas, gracias a la trazabilidad y a la certificación de autenticidad que aporta blockchain.

Vida profesional

Con las comunidades como protagonistas, el surgimiento de las DAO, y la tendencia a trabajar cada vez más por proyectos, y tomando una parte más activa en ellos, no es de extrañar que Web3 esté impactando también en el mundo laboral.

Cada vez hay más oferta de trabajo relacionado con la Web3, no solo en desarrollo o en cuanto a perfiles técnicos, sino en áreas como el marketing o el desarrollo de negocio. Incluso existen ya portales de empleo especializados en este sector, y cada vez más opciones que nos permiten trabajar de manera más descentralizada.

Miguel, por ejemplo, a quien conocimos en el capítulo de sociedad, está construyendo la plataforma B-Ecosystem, que opera como un ecosistema de negocios, juntando perfiles inversores, empresas y talento, en la que se trabajan proyectos de manera colaborativa y más transparente, utilizando blockchain.

Bruno, en el capítulo de tecnología, también nos contaba que tenía un proyecto relacionado con los NFTs, Cocobay, una comunidad donde creadores emergentes pueden crear y monetizar sus diseños.

O incluso yo misma tengo un proyecto en el que apostamos por que las empresas más tradicionales puedan compartir el valor con sus equipos de trabajo, Colmeia. Así recibes tokens o activos digitales de tu propia empresa por tu buen trabajo, que puedes enviar, compartir o canjear libremente, y que tenerlos en posesión te beneficia en utilidades como poder participar en la toma de decisiones operativas o poder tener más flexibilidad o días libres, entre muchas otras.

Las grandes corporaciones no se quedan atrás, al revés

Hemos hablado sobre todo de proyectos nativos Web3, pero las grandes empresas ya están trabajando activamente en proyectos Web3, tanto propios como lanzando retos de innovación abierta para colaborar con esos proyectos nativos. Y es un indicador, como vimos, porque son los usos que las marcas le darán lo que hará que lleguemos a la verdadera adopción.

Las grandes marcas de consumo ya hace tiempo que están integrando el pago con wallet en sus comercios (una forma de pago cada vez más extendida, también para plataformas como Shopify, Google Pay o Paypal), o incluso ya están desarrollando sus propios metaversos o colecciones de productos digitales en formato NFT.

O incluso encontramos Web3 en algunas redes sociales Web2, que ya permiten que puedas conectar tu wallet y seleccionar uno de tus NFT como imagen de perfil.

Los grandes bancos ya están generando contenido educacional e incluso servicios relacionados con Web3, como fondos de inversión o servicios de custodia de activos digitales, en su intento de no quedarse atrás.

Incluso a nivel europeo hay un proyecto de euro digital (CBDC, de Central Bank Digital Coin, del inglés) para el que, según el propio banco central, están considerando utilizar tecnologías descentralizadas como blockchain.

Y muchas más aplicaciones que irán apareciendo en los próximos meses.

Aunque quien realmente sabe más sobre todo esto es Marcos, nuestro invitado al café de este capítulo. Vamos a conocerle, y que nos cuente él mismo.

UNA PAUSA PARA EL CAFÉ: Marcos Carrera

Vamos a tomar un café con Marcos, nuestra voz más corporate, y con mucho impacto.

A ver qué nos cuenta sobre las aplicaciones presentes, y sobre cómo aplica todo esto en su vida.

Marcos es nuestro invitado más corporate, más institucional. Es ingeniero industrial, aunque hace ya años que empezó a hacer consultoría estratégica en tecnología, relacionada sobre todo con la digitalización y la eficiencia energética. Así conoció blockchain y la Web3, y desde entonces ha estado trabajando en proyectos para instituciones y empresas muy relevantes a nivel europeo.

La descentralización, la inmutabilidad, o el hecho de no ser censurable, le hizo ver que era un modelo distinto, más disruptivo respecto a lo que había visto hasta ahora. Porque, el big data, por ejemplo, en su día le pareció disruptivo, pero realmente no cambiabas el modelo de negocio en sí. La Web3 sí implica un cambio de mentalidad muy interesante.

Ahora ya no es el dueño del balón de fútbol en el recreo quien gana siempre, porque si no, si no está contento, se acaba el juego. Ahora pasamos a un modelo más equitativo donde todas las personas que juegan se convierten en la parte activa, ese balón les pertenece, y quienes juegan ganan.

Marcos, aunque está en el lado más corporativo, también ha sido fundador de proyectos blockchain, lo que le ha dado la oportunidad de ver y comparar necesidades y aplicaciones distintas. Y es que existen diferencias, sobre todo en los procesos o en el cumplimiento legal.

Por ejemplo, a una startup le cuesta mucho más conseguir un sello de garantía de alguna empresa potente, o incluso de un despacho de abogacía reputado, y si quiere captar inversión por parte de un fondo grande, necesita esas garantías, porque se las van a pedir. Aunque eso es menos ágil.

Incluso en la tecnología también puede haber diferencias. Por ejemplo, en la concepción o el uso de los tipos de blockchain, públicas y privadas (vimos en el capítulo de tecnología las diferencias, y que la principal diferencia era su grado de descentralización o la restricción de acceso).

Porque la realidad es que la Web3 aún no está del todo descentralizada, nos queda camino por recorrer. En muchas ocasiones, siguen habiendo servidores centralizados detrás de las redes blockchain que recogen esos datos (incluso en redes como Ethereum, una de las más usadas para desarrollar dapps), ya que como vimos, descentralización y seguridad no van del todo de la mano todavía. La realidad es que Internet sigue centralizado en cinco o seis grandes proveedores.

Así que las grandes empresas se sienten más cómodas, más seguras, trabajando en una red más privada, porque para ellas la seguridad va por delante de la descentralización. Y a día de hoy, Marcos cree que es lo necesario. Aunque, en un futuro próximo donde haya más adopción, se pueda hacer el cambio a redes más híbridas, o incluso públicas.

La clave es juntar ambas visiones, la corporate con más seniority y con una visión más regulada, y la startup, más enfocada en la innovación y la agilidad. El negocio de la Web3 existe para todo el mundo, solo hay que buscar nuestro hueco.

Marcos ha encontrado el suyo uniendo blockchain con sostenibilidad, uniendo algo innovador con algo que es de obligado cumplimiento a día de hoy, y por ello ha tenido mucho impacto.

Por ejemplo, con su proyecto para añadir trazabilidad al agua sintetizada en procesos industriales alimentarios, Botanical Water. Este agua, aunque es reutilizable, hasta ahora se desperdiciaba porque no había garantía, confianza, sobre ese agua. Con blockchain se convierte en un producto confiable y se abren las puertas para un mercado secundario.

También con la Rice Market Network, aplicado al mercado del arroz, la materia prima que más se consume del mundo, en el que han creado un mercado donde conectan productores con consumidores, partiendo de datos confiables en la blockchain que garantizan la sostenibilidad del producto, o la ética del trabajo para que, por ejemplo, puedas validar que no se hayan usado menores de edad en su producción.

Aunque no siempre le ha sido fácil apostar por la innovación.

Es importante contar con un entorno adecuado y, si la dirección general de una empresa no cree en blockchain, por ejemplo, no tienes nada que hacer. El mismo Marcos intentó lanzar una propuesta a un gran banco, para que lanzaran su propio token, y prácticamente se rieron. Hay muchas empresas en las que se solucionarían problemas aplicando esta tecnología, pero que necesitan un proceso de evangelización primero.

Porque es un mundo tan grande que es difícil centrarte. Por eso le hubiera gustado tener a alguien que le guiara, le mentorizara en su especialización. Porque Web3 es muy amplio, lo es todo, y necesitas centrarte, como ya vimos, en un área donde realmente aportes valor.

Su consejo es que empieces por lo más disruptivo posible que encuentres ahora mismo, para poder tener un gran impacto.

Y es que falta mucho talento de personas que hayan estudiado y que hayan trabajado en la Web3 del mundo real, sobre todo en corporaciones. Él, que está trabajando tanto en iniciativas de corporaciones como en proyectos propios de emprendimiento, lo ve claro. El reto es profesionalizar la Web3.

Porque se están creando constantemente nuevos modelos e

iniciativas, en ambos sectores, pero si por ejemplo no sabemos si lo que estamos haciendo es legal o no, por la falta de regulación, cuesta que vean la luz. Todavía nos queda camino por recorrer.

Aunque, Marcos, gracias a personas como tú, cada vez lo tenemos más fácil.

WORKSHOP TIME

Te toca. Ahora aplícalo tú.

Investiga por tu cuenta todas estas aplicaciones y busca qué otras más existen a día de hoy, tanto si tienen que ver con el proyecto que hemos ido trabajando en los workshops anteriores como si no.

Y, tarea extra patrocinada por Marcos, identifica donde puedes tú aportar valor. Enfócate en aquello tan disruptivo como específico, donde haya una gran oportunidad para entrar.

11. FUTURO

Un día corriente en la Web3

Ya hemos visto ejemplos presentes que demuestran que la Web3 está pasando y, aunque gran parte de su futuro está aún por descubrir (muchas de sus aplicaciones aún no han sido ni imaginadas, y eso es lo más interesante), vamos a hacer un ejercicio de viaje en el tiempo para ilustrarlo.

Vamos a viajar a 2030.

A un día corriente, por la mañana.

Vas a tu gimnasio a entrenar y, por supuesto, recibes tokens por ello. Hoy lo has dado todo, así que te has ganado esos tokens extra que te dan acceso a una sesión gratuita con una entrenadora personal. La próxima vez que vayas, reservarás esa sesión. Le pides, por voz, a tu dispositivo inteligente que lo haga. Listo.

Llegas a casa y te preparas un café. Del bueno, del de impacto. Colaboras con una organización en la que mediante tokens inviertes en plantaciones de café sostenibles de microproductores, y además de rentabilidad recibes también el producto físico.

Y empieza tu jornada laboral. Te pones tus gafas de realidad aumentada, y entras en la oficina.

Trabajas por proyectos en varias empresas, donde además del salario en dinero fiat, también te recompensan con tokens por cumplir tus objetivos y por tu aportación de valor. Esos tokens te dan derecho a votación en decisiones de estas empresas, te dan también rentabilidad (ya que si la empresa crece y la comunidad los usa, sube su valor) o incluso puedes canjearlos por beneficios extra o intercambiarlos en el mercado secundario.

Gracias a la automatización de muchos de los procesos, y a la aplicación de la inteligencia artificial, haces una jornada laboral de unas cinco horas diarias, con eso ya ganas bien y así puedes invertir más tiempo en ti. Hoy has quedado para comer con unos amigos.

Vas en tu coche, pero no es solo tuyo. Como lo usas poco, tienes uno compartido con cinco personas más del vecindario, cada una tiene un NFT que otorga esa propiedad, así se comparten los gastos y se amortiza su uso. Así que abres el coche al acercar tu NFT, que también sirve como llave, y te diriges a uno de tus restaurantes favoritos.

Comes con tus amigos y, después de pasar un buen rato poniéndoos al día, pagas en criptomonedas y recibes tokens del restaurante, en lugar de puntos, como parte de su programa de fidelización. Esos tokens, puedes intercambiarlos también en el mercado secundario o puedes usarlos para acceder a productos exclusivos, como platos especiales fuera de carta solo para quien los tenga en posesión. A uno de tus amigos le quedan pocos para probar ese postre exclusivo que tanto le apetece desde hace tiempo, así que le envías los tokens que acabas de ganar a su wallet, para que los pueda canjear.

Al llegar a casa, compras unas deportivas en un ecommerce con un par de clics, solo conectando tu wallet, sin proceso de checkout ni tener que rellenar todos tus datos. Pagas con criptomonedas y recibes tanto la versión física como la digital, en formato NFT, para poderlas llevar también en el metaverso, en tu oficina y en tu juego favorito.

Así que, para estrenarlas, juegas un rato. Recuerda, con las gafas.

Es un juego play to earn en el que consigues tokens y NFTs por jugar y pasar de nivel. Por casualidad, consigues un objeto NFT súper raro y lo pones a la venta en el marketplace, alguien te hace una oferta y te lo compra al momento. El juego se lleva un porcentaje por esa transacción, pero tú has podido rentabilizarlo y ganar dinero por una acción tan cotidiana como jugar.

Antes de ponerte a hacer la cena, repasas tu wallet. Tienes ahí todos tus documentos oficiales: el documento de identidad, el carné de conducir, hasta las escrituras del piso donde vives. Y hoy has recibido (además de más tokens de tus empresas, los de tu restaurante favorito que has enviado a tu amigo, el NFT de las deportivas, y el NFT del juego que has vendido) el título del máster que acabaste hace unos días. Es un token soulbound que te otorga su derecho de posesión y certifica mediante blockchain que lo has superado con éxito. Te dará puntos para entrar a una DAO para la que quieres colaborar desde hace tiempo. Así que lo añades a tu colección de tokens de experiencias profesionales.

Y no solo has ganado dinero trabajando en esas empresas con las que colaboras por proyectos. Has generado también rendimientos con la inversión en la producción de café, y por las inversiones en inmuebles tokenizados que tienes en curso. Quizás este fin de semana vayas a uno de ellos, ya que son vacacionales, y tener esos tokens en posesión te da derecho a alojarte unos días al año. Ah, y este mes no pagas luz. Con el rendimiento que han generado los tokens de tus placas solares, la energía que has consumido se ha financiado con la venta de la energía producida de más.

Repasas, antes de ponerte de una vez con la cena, tu colección digital de entradas de conciertos. Recuerdas cómo coleccionabas tickets en papel en los noventa, o los dos mil, qué tiempos.

Y qué ganas de desconectar este fin de semana en ese inmueble. Es una casa en la montaña, en plena naturaleza. Porque eso no cambia.

UNA PAUSA PARA EL CAFÉ: Mari Carmen Blanco

Vamos a tomar un café con Mari Carmen, una visionaria que vive siempre 10 años por delante.

A ver qué nos cuenta sobre el futuro de Internet, y sobre cómo aplica todo esto en su vida.

Mari Carmen ya lo dijo, vive 10 años en el futuro. Por eso, cuando la conocí, sabía que era la indicada para este capítulo.

Es de un pueblo gallego, de esos pueblos grises que evocan tristreza y tradición, como ella dice. Su infancia fue muy religiosa y ella, que quería entender cómo se había creado el mundo, siempre ha tenido esa inquietud, esa esencia espiritual, casi religiosa, de buscar respuestas.

Mari Carmen llevaba más de quince años trabajando en un gran banco, y conoció la Web3 hace unos tres, gracias a una frustración. Tenía un problema relacionado con las capas burocráticas de la inversión inmobiliaria y, hablando con un amigo que había sido muy activo en el ecosistema Web3 desde sus inicios, incluso en Silicon Valley, él le preguntó que si había pensado en tokenizarlo.

¿Toke... qué?

Eso respondió. Y, a partir de ahí, al reconocer su utilidad, quiso saberlo todo y quedó enganchada para siempre, supongo que porque le resolvió un problema.

Entonces todo empezó a cambiar. Cuanto más profundizaba en las finanzas descentralizadas, más se alejaba de su vida profesional tradicional. Al principio se sintió agobiada por los silos, empezó a infravalorarse, a sentirse inútil fruto de una agradable mezcla de aburrimiento y frustración, para finalmente darse cuenta de que en realidad estaba sobrecapacitada. Tocó fondo. Y entonces siguió su intuición, y lo dejó, para dedicarse 100% a lo que le hacía sentir una supermujer.

Que al principio no fuese fácil hacer la composición, lo hacía más interesante. Cuando empezó a investigar en Web3, no había ninguna estructura, ninguna foto ni mapa general que consultar. Todo estaba super segmentado, y todo era para perfiles muy técnicos. Pero en este camino, conoció a otras personas que llegaron antes que ella, de las que tuvieron que resolver problemas mayores hace una década, cuando no había nada construido. No es de extrañar que hasta una de las que conoció se fuese a vivir a una comuna de hackers para aprender.

Aunque, pensándolo ahora, el haberse tenido que elaborar ella misma ese mapa general no solo no le fue mal, porque haber hecho eso te da más de lo que buscabas, y te permite visualizar sobre esa tecnología, tu propia experiencia.

Ahora se arrepiente de no haber tenido la valentía de

hacerlo antes en su vida, pero fue a raíz de esa vivencia, tras enfrentarse a su propia vulnerabilidad, cuando entendió la fortaleza de la colaboración, de qué personas quería rodearse. Empezó a valorar su tiempo y a quién se lo dedica, a personas con esa magia, esas ganas, esa actitud. Ha desarrollado un radar para el talento.

Y ahora pasa mucho tiempo metida en Web3, descubriendo nuevos protocolos, nuevos proyectos, nuevos tokens... con la sensación de que ya vive en el futuro y que está haciendo cosas que, con suerte dentro de una década, podrá hacer todo el mundo. Ella ya vive en 2030.

Aunque si profundizas tanto en algo, llega un momento en el que te quedas sola. Te acabas convirtiendo en el 0,01% de la población experta en eso, y cuando te aislas tanto ya nadie te sigue y pierde la utilidad. Y a Mari Carmen le encanta compartir, es de esas personas que tiene el instinto de enviar un mensaje a alguien, con algo que acaba de leer, porque sabe que le gustará. Por eso hasta está montando un congreso, el World Token Congress, porque necesitamos divulgar para que cada vez más personas avancen en un momento en el que esta tecnología está debutando y es todo un mar de oportunidades.

Eso sí, mientras hablamos, ella ya está en 2040.

Piensa en su hijo pequeño, que para esa época debería estar graduándose en la universidad, y piensa en que quizás para entonces eso ya no se lleve. Que seguramente en el futuro los caminos a seguir cambiarán mucho, pero que para él va a ser todo muy natural.

Porque no hará falta ni explicarle qué es la Web3. Las nuevas generaciones ya son nativas de Web3, de la inteligencia artificial y de lo que llamamos nuevas tecnologías. Cuando con apenas tres añitos, su hijo le preguntó sobre por qué Youtube sabe qué vídeo quiere ver luego (porque, intuyo que ha salido inquieto como su madre, con todas esas preguntas sobre el mundo), ella tiene las respuestas: por su potente algoritmo de recomendación. Internet tiene las respuestas. Tres años después, a él no se le resiste nada que le interese. Aprendes antes a preguntar y a escuchar, que a leer y a escribir.

Esta tecnología toca de lleno todas las verticales de la industria financiera, medios de pago, financiación, inversión, custodio, o hasta el propio dinero que, tarde o temprano, será total o parcialmente sustituido por las CBDC. Y el sector bancario es un elefante que sigue comercializando los mismos productos que hace treinta años.

La Web3 tiene el potencial de reequilibrar incentivos y de que usemos más la creatividad a la hora de buscar soluciones. Si hemos sido capaces como especie de inventar más de siete mil idiomas, seguro que eso también puede hacerse mejor. Lo veremos con la tokenización. Con la mezcla de perfiles financieros, tecnológicos, creativos, legales, de prácticamente todas las disciplinas, van a surgir proyectos muy potentes.

Mari Carmen recuerda un taller que dio en un evento Web3 (donde, por cierto, yo también estuve, de hecho ahí la conocí). Vio que había dos asistentes muy jóvenes, de menos de veinte años, y le llamó la atención, así que les preguntó que por qué estaban ahí. Contaron que eran estudiantes de economía en la universidad, y que le habían pedido a su profesor que introdujese blockchain en el temario, pero que el profesor les había respondido que se quitaran esos pájaros de la cabeza. Afortunadamente no le hicieron ni caso.

Y es que la mayor complejidad a la que nos enfrentamos es

el propio ser humano, ya nos lo dijo también Iolanda. Nuestros miedos, nuestro afán de posesión, nuestros egos. Porque, y perdona de nuevo que me tome la licencia de citar textualmente, "una tecnología con valores de mierda se convierte en una mierda exponencial."

Aunque quienes estamos aquí nos caracterizamos por nuestro espíritu crítico. Es importante que no se te olvide. No lo pierdas. Tienes que aplicarlo aquí en Web3 también, y tomarte tu tiempo para buscar tu espacio en este mundo.

Se van a reinventar muchas cosas, muchos trabajos, y Web3 será aquello que queramos que sea. Aquello en lo que seamos capaces de descubrir que aporta valor.

Porque el valor ya se está creando y generando de una forma diferente, y esta revolución va de eso, de que el valor lo reciba quien lo genera.

WORKSHOP TIME
Te toca. Ahora aplícalo tú.

Haz tu propia reflexión sobre cómo te imaginas que será el Internet de 2030.

O cómo quieres construirlo. Porque todo esto está por construir, y puedes tomar parte de ello para hacerlo realidad.

Y, tarea extra patrocinada por Mari Carmen, saca tu lado más crítico también en Web3. Piensa en aquellas cosas que no te gustan, o que deberían cambiar.

12. CONCLUSIÓN

Ahora te toca a ti

La Web3 no supone solamente una evolución tecnológica.

Como hemos visto, ya está cambiando nuestra forma de compartir la información, de distribuir el poder y también nuestro rol como personas usuarias.

Y todas estas utilidades y experimentaciones que estamos viviendo, y las que nos quedan por vivir, darán lugar a algo global que supondrá sin duda una gran revolución.

Si intentamos definir de nuevo qué es la Web3, y esta vez lo intento yo, podríamos decir que es un espacio de construcción y posesión comunitaria, donde todo pasa alrededor de una wallet que nos identifica y todo (o casi todo) se puede tokenizar. Un espacio más abierto y más horizontal.

Sin embargo, aunque promete un mundo más descentralizado, la descentralización total aún supone un gran reto. La ausencia de intermediarios, el mayor grado de responsabilidad que tiene que asumir quien lo usa (porque un gran poder conlleva una gran responsabilidad, no es nuevo), la accesibilidad, o la curva de aprendizaje que, aunque cada vez menos, aún es elevada, se suma a la poca regulación existente que, aunque ya están en marcha propuestas y veremos aplicadas en breve, va por detrás de la innovación tecnológica.

Esta es la Web3 de la vida real.

Llegará la adopción masiva cuando haya tokens moviéndose, a la vez, por todas partes, cuando ya no dependan de una comunidad aislada sino de algo más masivo que permita el crecimiento real y la sostenibilidad de ese token. Y para ello tenemos que ponerlo lo más fácil posible.

Aún queda mucho por aprender, construir y experimentar; y lo tendremos que hacer al ritmo frenético de la evolución tecnológica actual (de hecho, mientras escribo sobre Web3 ya hace tiempo que ha aparecido en escena el término Web5, ya lo vimos), pero tenemos la gran suerte de vivir este reto en primera persona.

La nueva web está en manos de la comunidad, en las nuestras, en las de las mentes más creativas e innovadoras, para ser lo que queramos que sea. Porque oportunidades e incluso capital sobra, lo que falta son más perfiles constructores.

Construyamos en abierto, en global, para las personas, pensando en la aplicabilidad. Que cualquier persona pueda usar esa solución sin tener ni idea de tecnología, y sin fricciones, igual que usa su teléfono móvil.

Y seamos inclusivos. Comuniquemos con un lenguaje también más abierto, que no sea solo para perfiles técnicos, sino para todos los niveles y todos los perfiles profesionales.

Así que, ahora te toca a ti construir y, como se dice en Web3, DYOR (do your own research, te lo dejo en el glosario). Manos a la obra.

El futuro que nos espera es emocionante. Mari Carmen ya lo está viviendo.

Así que vamos a por el último café.

UNA PAUSA PARA EL CAFÉ: José Luis Cáceres

Vamos a tomar un café con José Luis, un inquieto digital con mucho propósito.

A ver qué nos cuenta sobre todo lo que hemos visto, y sobre cómo lo aplica en su vida.

José Luis es de Madrid y, más que un ingeniero, es un inquieto digital. Lleva más de 25 años emprendiendo en Internet, y empezó cuando nadie creía en eso.

En los noventa, en su universidad, había unos cuantos ordenadores con Internet, y creó como proyecto de final de carrera una comunidad de deportes. En aquel entonces, cuando la gente huía de los ".com", y se opinaba que eso de Internet no valía para nada, que no funcionaría, José Luis lanzó un proyecto con el que pudo aprender sobre comunidades y también sobre cómo rentabilizar un proyecto en Internet.

Eso le permitió más tarde crear la comunidad de Súper Pioneros que tiene ahora, y su factoría digital, NWC10Lab, un laboratorio de ideas digitales donde se encarga de detectar y desarrollar ideas de negocio, y que le ha llevado hasta a asistir como invitado al parlamento británico o ser portada del Huffington Post con uno de sus proyectos, 100Thanks, que se hizo viral.

Y es que, según José Luis, la clave está en el propósito. Hay que vender el por qué lo haces, no lo que haces. Porque el futuro lo están creando personas innovadoras que no tienen referencias, el interés va siempre por delante del conocimiento.

De ahí la importancia que tiene, cada vez más, el atraer y construir comunidades alrededor de un por qué, y generar confianza. En eso lo ha hecho siempre bien. Y lo de ser inquieto ha ayudado.

Porque cuesta dejar tiempo para aprender, sobre todo cuando ya tienes bastantes cargas, pero él, aunque le cuenten algo muy raro, no se cierra. Siempre escucha. Se pagó la universidad haciendo webs, así que por qué no escuchar lo que un amigo, Leif, tenía que decir sobre Web3.

En ese momento se dio cuenta de las debilidades que tenía nuestro mundo centralizado. Hasta que no haces el ejercicio, no te das cuenta de todo lo que a día de hoy está centralizado y no debería. Porque estamos a merced de unas pocas plataformas, de app stores o incluso de redes sociales. Por ejemplo, a nivel profesional, muchísimas personas dependen de Linkedin como primera vía para generar ingresos y oportunidades y, si esa empresa decide cerrar, todo lo construido se irá con ella.

Hace ya casi diez años de eso, ese amigo acabó construyendo una de las plataformas para comprar y vender criptomonedas más relevantes a nivel español, Bit2Me, y José Luis a día de hoy sigue colaborando como CBO (Chief Brand Officer), al cuidado de la marca, sus valores y su comunidad, porque en ese momento decidió seguirle de cerca. Las personas innovadoras, dice, no tienen tiempo para enseñarte. Tienes que ser tú quien estés siempre cerca de ellas para aprender, y participando en sus proyectos es como más se aprende.

Así que, hoy en día, su vida se basa en comunidades y en proyectos Web3. Tanto a nivel profesional como a nivel personal, invirtiendo en algunos proyectos y siendo usuario también de otros. Piensa que si todo está alineado en tu vida, y tienes ese propósito, cuesta menos empujar.

El propósito es lo que perdurará a largo plazo. Puede que dentro de diez años estemos haciendo lo mismo, pero con otras tecnologías diferentes. Y a la velocidad a la que vienen estos cambios es difícil mantenerse al día, a no ser que te pillen cerca de lugares que absorban esos cambios. Eso quiere acabar siendo él con su factoría de ideas, un lugar donde refugiarse y poder impactar mucho más. Porque antes las comunidades servían para quedar, para salir, o para hacer deporte, pero ahora pueden cambiar el mundo.

Por eso hay que separar esa promesa de ganar millones, esa obsesión por levantar capital, del propósito y de la razón real para emprender. Las empresas tendrán que construirse en base a un propósito sólido, y comunicarlo y construir en base a ese propósito de manera transparente. Porque el talento trabaja por el reto de cumplirlo, no solo por el dinero.

Las empresas Web3 son las que mejor trabajan eso. Con canales como Discord de comunicación comunitaria, y hasta con personas ayudando gratis por la causa. Y puede que las grandes marcas tengan miedo a las nuevas ideas por un tema reputacional, pero dentro de poco van a tener que atraer ese talento, y se van a tener que adaptar.

Porque cada persona trabajará de manera individual, por proyectos. Tendremos un yo físico y un avatar digital, con conexiones, y toda esa mochila la podremos compartir con quien queramos, o con quien creamos que merece la pena.

Así que empieza ya a probar cosas, a aprender de las personas más pioneras, a estar cerca de ellas, casi tocándolas. Aprende haciendo, y cuéntalo mientras lo haces. No te guardes nada, el feedback y rodearse de personas como tú es vital. En una comunidad tiene que haber conexiones, no solo de una comunidad hacia ti, sino de ti hacia la comunidad, y también de la comunidad hacia afuera. Si no, no funciona.

No sé tú, pero yo me quedo cerca de José Luis. Gracias por compartirnos tu propósito e inspirarnos a encontrar el nuestro.

WORKSHOP TIME

Te toca. Ahora aplícalo tú.

Ya sabes qué hay que hacer, tu propia búsqueda, DYOR. Contrasta fuentes, especialízate en lo que te interese, acércate a otras personas que estén construyendo y, a mí, sígueme la pista, que esto no acaba aquí.

¿No te preguntas qué hago yo?

En www.marinateixidor.com **tienes parte de la respuesta.**

Así que sígueme online, y escríbeme si tienes un proyecto en mente y puedo ayudarte en algo. Para eso estamos.

Y, la última tarea extra, patrocinada por José Luis, encuentra tu propósito, es lo más importante, y empieza ya a hacer cosas.

GLOSARIO

Todos esos conceptos Web3 que hemos ido explicando están aquí. Así no tienes que bucear entre las páginas para encontrarlos cada vez que los quieras refrescar.

Verás que hay relativamente pocos, porque realmente aparecen pocos en el libro. He intentado, como te prometí, prescindir de tecnicismos innecesarios y mantener solo los más importantes o sencillos.

AMA

De las siglas de ask me anything, en inglés, pregúntame lo que quieras, son eventos, físicos o online, donde el equipo fundador o el equipo promotor responde a todas las preguntas que la comunidad tenga, y ofrece actualizaciones sobre el proyecto de una manera más transparente para generar confianza.

Blockchain

También llamada cadena de bloques, es una tecnología que estructura y recopila los datos de manera descentralizada, a través de múltiples nodos u ordenadores, para evitar que exista un solo ente central en el cual recaiga el poder y responsabilidad de los datos.

Criptomoneda

Las criptomonedas, como por ejemplo bitcoin, son tokens nativos de una red blockchain, y se suelen diferenciar por su uso, mayoritariamente como medio de pago, o como reserva de valor. Se relacionan más con el ámbito financiero.

DAO

Organización autónoma descentralizada, son organizaciones que representan un nuevo modelo de "empresa" de la Web3 en el que la gobernanza está descentralizada y recae sobre los participantes, que tienen la capacidad de proponer, votar y aprobar las decisiones a través de la blockchain.

dapp

Aplicación descentralizada, aplicación que utiliza tecnología blockchain para su funcionamiento y está diseñada para funcionar de manera descentralizada. Son como las aplicaciones tradicionales que usamos en el día a día pero con las ventajas de estar construidas en la blockchain, sin un intermediario central y de código abierto.

defi

Decentralized finance, finanzas descentralizadas en inglés, se refiere a la nueva forma descentralizada que permite la Web3 de relacionarte con tus activos, y que implica prescindir de los intermediarios, en este caso por ejemplo de los bancos, tener en propiedad real tu propio dinero y operar con protocolos distintos, respaldados por la comunidad.

DYOR

Do your own research, expresión que se usa mucho en Web3 para referirnos a que no te fíes directamente de lo que te digan sin haberte informado tú antes y animar a que cada persona haga su propia investigación.

Metaverso

Es una parte del futuro (y ya presente) de Internet, un mundo online donde puedes tener tu propia identidad digital y vivir experiencias, socializar y compartir ideas, o incluso hacer negocio.

Security token

Tipo de token directamente vinculado a un activo tangible regulado (como un inmueble o un bono), y que es el resultado de tokenizar estos activos del mundo físico. Funcionan de forma similar a la compra y venta de acciones y tienen que cumplir una normativa específica para emitirse.

Smart contract

Contrato inteligente, es un programa informático o función que se ejecuta en la blockchain, lo que permite que las acciones se puedan llevar a cabo.

Soulbound token

Tipo de token que, una vez generado y enviado a una wallet, ya no puede cambiarse, transaccionarse ni enviarse a nadie. Están pensados para quedarse para siempre en la billetera de origen, como pasaría con el DNI.

Token

También activo digital, es una unidad de valor que tienen una utilidad e implica posesión y gobernanza dentro de un ecosistema, proyecto o comunidad.

Tokenización

Proceso por el que se convierte un activo físico o intangible en un token digital en una blockchain.

Token fungible

Tipo de token que se consume al uso y puede ser reemplazable. Por ejemplo, las monedas de un euro: puedes cambiar tu moneda de un euro por mi moneda de un euro porque ambas tienen el mismo valor, son intercambiables entre sí.

Token no fungible (NFT)

Tipo de token que no puede dividirse ni intercambiarse entre sí, ya que cada uno tiene un valor único. Por ejemplo, una obra de arte (no puedes intercambiar la Mona Lisa por el Jardín de las Delicias, porque aunque ambos son arte no son lo mismo ni tienen el mismo valor) o un DNI si estuviera tokenizado.

Utility token

Tipo de token que no está ligado a ningún activo como tal, sino que otorgan derechos y utilidades extra a quienes lo posean. Por ejemplo, los tokens de tu empresa que recibes en Colmeia, que no están ligados al valor de tu empresa o a su facturación, pero sí tienen un valor en derechos y utilidades.

Wallet

Cartera, billetera o monedero virtual donde podemos

guardar nuestros tokens o activos digitales y operar con ellos. Son la aplicación que nos permite recibir, enviar y almacenar tokens.

Web2.5

El Internet que fomenta la adopción de la Web3 porque añade su tecnología, sus mejoras y sus utilidades, podríamos decir que a nivel backend, por detrás, pero con todas las facilidades a nivel frontend, por delante, con una interfaz y una experiencia más familiares.

Web3

El Internet que pertenece a quienes lo crean y lo usan, orquestado por tokens. Es un espacio más abierto y más horizontal, de construcción y posesión comunitaria, donde todo pasa alrededor de una wallet que nos identifica y todo (o casi todo) se puede tokenizar.

Y LOS AGRADECIMIENTOS

Casi tan mágicos como obvios también. Y me hace especial ilusión incluirlos. Supongo que porque significa que he estado muy bien acompañada.

Gracias, primero, a ti por leerme.

Nuestro tiempo es el recurso más valioso que tenemos, y si lo has dedicado a leer este libro es que de alguna forma has confiado en mí. Así que gracias, espero que haya sido una buena inversión.

Gracias a Celia, por la paciencia y la calidad que ha sumado al proyecto. Y a mis mapaches, por estar siempre a mi lado.

Gracias también a las 11 personas con las que he tomado los cafés virtuales y han participado contando sus vivencias en este libro:

Valentín, Javi, Sabrina, Bruno, Miguel, Iolanda, Claudia, Casandra, Marcos, Mari Carmen y José Luis.

Y a las muchísimas más que no aparecen aquí.

Lo que más me gusta personalmente de Web3 es que todo el mundo está dispuesto a ayudar, sin esperar nada a cambio, solo por construir todo esto en conjunto. Y eso escasea, y es bonito. Tengo suerte de tener cerca a tantas buenas personas interesantes, compartiendo propósito.

Nos vemos pronto, espero.

www.ingramcontent.com/pod-product-compliance
Lightning Source LLC
LaVergne TN
LVHW051244050326
832903LV00028B/2564